# Orte für die Seele im Heiligen Land

*Prominente und ihre Lieblingsplätze*

**benno**

# Inhalt

# Vorwort

Schon wieder ein Buch über das Heilige Land? Ja, aber nicht schon wieder.

Denn das, was Sie vor sich haben, ist weder ein klassischer Bildband noch ein Reiseführer noch ein Andachtsbuch. Was dann? Vielleicht alles zusammen!

Auf alle Fälle werden Sie staunen über die Vielfalt der Autorinnen und Autoren. Sie sind Politiker, Künstler, Theologinnen und Theologen, Journalisten, Schriftstellerinnen und Schriftsteller. Sie kommen aus Deutschland, der Schweiz, Israel und den USA. Sie sind Katholiken und Juden, Atheisten, Protestanten und Angehörige der Freikirchen. Sie alle berichten aus ihrer Lebensperspektive von ihren Lieblingsplätzen in Israel und offenbaren uns ihre ganz persönlichen Erlebnisse und Erfahrungen, Gedanken und Gefühle.

*„Orte für die Seele"*

Sie liegen ganz richtig, wenn Sie beim Titel des Buches nicht vermuten, dass dies ein Buch ausschließlich über Friedhöfe im Heiligen Land, die das Jenseits betonen, ist. Ganz im Gegenteil geht es in diesem Bildband recht diesseitig zu, wenn Sie z. B. mitgenommen werden auf den Weg durch die quirligen Gassen der Jerusalemer Altstadt oder nachempfinden können, welche Wohltat ein Garten in der Wüste oder ein Erfrischungsbad in der Oase En Gedi bedeutet. Auch das sind Orte, die die Seele berühren, sie aufblühen lassen.

Aber verbindet man mit „Orte für die Seele", nicht eher Orte, an denen man seinen Seelenfrieden finden kann? Natürlich gibt es solche Orte ebenfalls. Ist doch Israel für viele unserer Autorinnen und Autoren das Heilige Land, das Heilsgeschichte atmet. Sie beschreiben, wie sie an den Ufern des Sees Genezareth zur Ruhe kommen und ihre Seele auftanken können, wie die Höhlen von Guvrin zum Sehnsuchtsort werden oder wie Herzliya für sie zu einer Stadt für die Seele wird.

Jedoch werden Sie beim Lesen der unterschiedlichsten Beiträge entdecken, dass Israel mehr ist als das Heilige Land. Es ist kein *Holy Disney Land*, das nur Kulisse ist für die biblischen Geschehnisse. Es ist ein lebendiges Land, auch wenn viele „alte tote Steine", ob die der „Klagemauer" in Jerusalem, die der Ausgrabungen in Kafarnaum oder die im nördlichen Tel Dan, spannende Geschichten und jahrtausendealte Geschichte erzählen können.

Orte, die die Seele aufwühlen, werden hier ebenso beschrieben. Dort, wo „die Zeitströme zusammen-

fließen", ob bei Begegnungen im Kibbuz, in der Knesset, in Yad Vashem, kann die Seele angerührt und inspiriert werden.

Und genau das wollten wir, als die Buchidee entwickelt wurde, dass Persönlichkeiten von ihren Lieblingsorten in Israel erzählen und das in Worte fassen, was der erwählte Ort für sie bedeutet. Denn „Worte sind der Seele Bild", wusste schon Goethe zu sagen. 29 Männer und Frauen haben sich dazu einladen lassen und sind mit uns in einen Dialog getreten, der mehr als 350 E-Mails gefüllt hat. Sie sind uns über die Wochen ans Herz gewachsen, auch wenn unsere Beziehung zu den meisten von ihnen nur rein „elektronisch" war, war sie doch nicht minder persönlich und herzlich.

Lassen auch Sie sich einladen auf eine reich bebilderte Reise an „Orte für die Seele im Heiligen Land" und erfreuen Sie sich an dem, was das Buch für Sie sein kann: ein Bildband mit herrlichen Fotos, ein Reiseführer an nicht nur touristische Orte und ein Andachtsbuch, das die Seele stärkt.

*Uta und Dieter Bernecker*

# Golgatha und das leere Grab

Es gibt viele faszinierende Orte im Land Israel. Schöne Orte, lebhafte Orte, bunte Orte, abenteuerliche Orte. Aber von allen Orten ist es wohl dieser, der mich am tiefsten berührt und am meisten inspiriert hat: die Kirche über dem Hügel Golgatha und dem leeren Grab Christi im Herzen Jerusalems. Von außen unscheinbar, völlig verbaut, eingezwängt zwischen die Mauern der geschäftigen Altstadt und tagsüber angefüllt von lärmenden Pilger- und Touristengruppen, fällt es vielen Menschen schwer, hier einen Zugang zu finden zu den bedeutsamen Ereignissen, von denen dieser Ort erzählt. Viele meiner Mit-Protestanten ziehen es deshalb vor, zum idyllischeren „Gartengrab" vor den Toren der Stadt zu gehen, um dort ein authentischeres geistliches Erlebnis zu suchen.

Für mich dagegen ist gerade dieser Ort im Laufe der Jahrzehnte zu einem Ort tiefer Gottesbegegnung geworden. Das mag auch daran liegen, dass ich einige Jahre lang nur einen Block entfernt gewohnt habe und die Kirche mir mit ihren Bewohnern zum vertrauten Nachbarn geworden ist. Geholfen hat es sicherlich auch, dass ich mir angewöhnt habe, diesen Ort, auch mit Reisegruppen, immer nur in der Nacht oder vor dem Morgengrauen zu besuchen, wenn die Kirche fast leer ist, aber jetzt erst wirklich zu ihrem eigentlichen Leben erwacht, weil sie von

Stille und Gebet erfüllt ist, nur ab und zu unterbrochen vom liturgischen Gesang der verschiedenen Glaubensgemeinschaften.

Die Kirche ist für mich in vielerlei Hinsicht zu einem Bild für den christlichen Glauben geworden: Nicht nur, weil sie von Kreuz und Auferstehung erzählt, der zentralen Botschaft des Christentums. Sondern auch, weil sie von außen so unscheinbar und unansehnlich erscheint, und sich erst dann erschließt, wenn man sich auf sie einlässt und sich auf die Suche begibt danach, was sich in ihrem Inneren verbirgt.

Archäologische Spuren zeugen von der Verankerung der christlichen Botschaft in der Realität der Geschichte: Die sichtbaren Reste eines antiken Steinbruchs aus römischer Zeit im Fundament der Kirche und auch die freigelegten Überreste des Golgatha-Felsens versinnbildlichen für mich, dass der Glaube eben nicht bloß eine Idee oder Philosophie ist, sondern auf dem Grund historischer Ereignisse steht.

Der Fund eines jüdischen Felsengrabs aus dem ersten Jahrhundert direkt hinter den Wänden der Kirche erinnert zudem daran, dass der christliche Glaube untrennbar verwurzelt ist im jüdischen

▲ *Der Salbungsstein*

Glauben und dass Jesus, der Messias, als Jude lebte und starb. In der Kapelle auf dem Hügel Golgatha machen Zitate aus den alttestamentlichen Propheten und ein Mosaik der „Bindung Isaaks" die Verwurzelung des Neuen Testaments im Alten deutlich. So verdeutlicht dieser Ort nicht nur durch seine Lage im Herzen Jerusalems, sondern auch durch die archäologischen Funde und die künstlerische Gestaltung die enge Verbundenheit des Christentums mit Israel.

Aber auch das Miteinander der unterschiedlichen Kirchen, Nationen und Konfessionen im Inneren der Kirche hat für mich eine starke Symbolkraft: Zwar spotten Reiseführer und flüchtig vorbeigehende Besucher gerne über die sprichwörtliche Zerstrittenheit der Christen an diesem Ort. Aber sie vergessen dabei, dass es keine andere Kirche in der Welt gibt, die von so vielen verschiedenen Konfessionen gleichzeitig durchbetet und bewohnt wird, und das seit vielen hundert Jahren. Dass es dabei hin und wieder auch Streit gibt, ist eigentlich nicht weiter verwunderlich – im Gegensatz zu dem viel größeren Wunder, dass hier Christen aus allen Teilen der Welt Tag für Tag miteinander leben und beten. Die Kirche des Heiligen Grabes ist deshalb ein Symbol für die Vielfalt und die Einheit der weltweiten Kirche, die sich versammelt um das Geheimnis von Tod und Auferstehung Christi. Und sie baut eine Brücke durch die Zeit von der Realität des modernen Staates Israel durch die Jahrhunderte seiner Geschichte bis in die biblische Zeit hinein. Deshalb liebe ich diesen Ort.

*Guido Baltes*

▲ *Golgatha-Altar: Maria und Johannes unter dem Kreuz*

# Die Geburtsgrotte –
# ein lebendiger Ort für außergewöhn-
# liche Gottesbegegnungen

Einer der Orte, der mir am liebsten ist und der mich bei jedem Besuch wieder neu berührt und inspiriert, ist der Geburtsort Jesu in Bethlehem. Bethlehem liegt zwar nicht im heutigen Staatsgebiet Israels, gehört aber zweifellos zu den wichtigsten Orten des Landes, das zu biblischer Zeit und in der jüdischen Tradition als „Land Israel" (Mt 2,20) bezeichnet wird.

Der Ort der Geburt Jesu in Bethlehem ist seit alters überliefert, und so ließ Kaiserin Helena ihn im 4. Jahrhundert mit einer Kirche überbauen, um ihn als einen Ort der Anbetung zu bewahren, an dem

▲ *Die Geburtskirche in Bethlehem*

man dem Geheimnis der Menschwerdung Gottes nachspüren kann. Im 6. Jahrhundert erhielt die Kirche durch Kaiser Justinian ihre jetzige Form und gehört heute zu den ältesten noch erhaltenen Kirchen der Welt.

Von außen gesehen wirkt sie unscheinbar – eine in die Jahre gekommene Erscheinung, deren Schönheit sich erst offenbart, wenn man sich Zeit nimmt, ihr Innenleben zu erkunden. Denn leben, ja, das tut sie! Sie ist kein Museum, sondern ein lebendiger Ort, an dem außergewöhnliche Gottesbegegnungen möglich sind.

Mein Lieblingsort in der Kirche ist die Geburtsgrotte. Halbrunde, uralte ausgetretene Stufen führen an der Seite des Altarraumes hinunter in eine Art Felsenhöhle, die später zu einer Kapelle ausge-

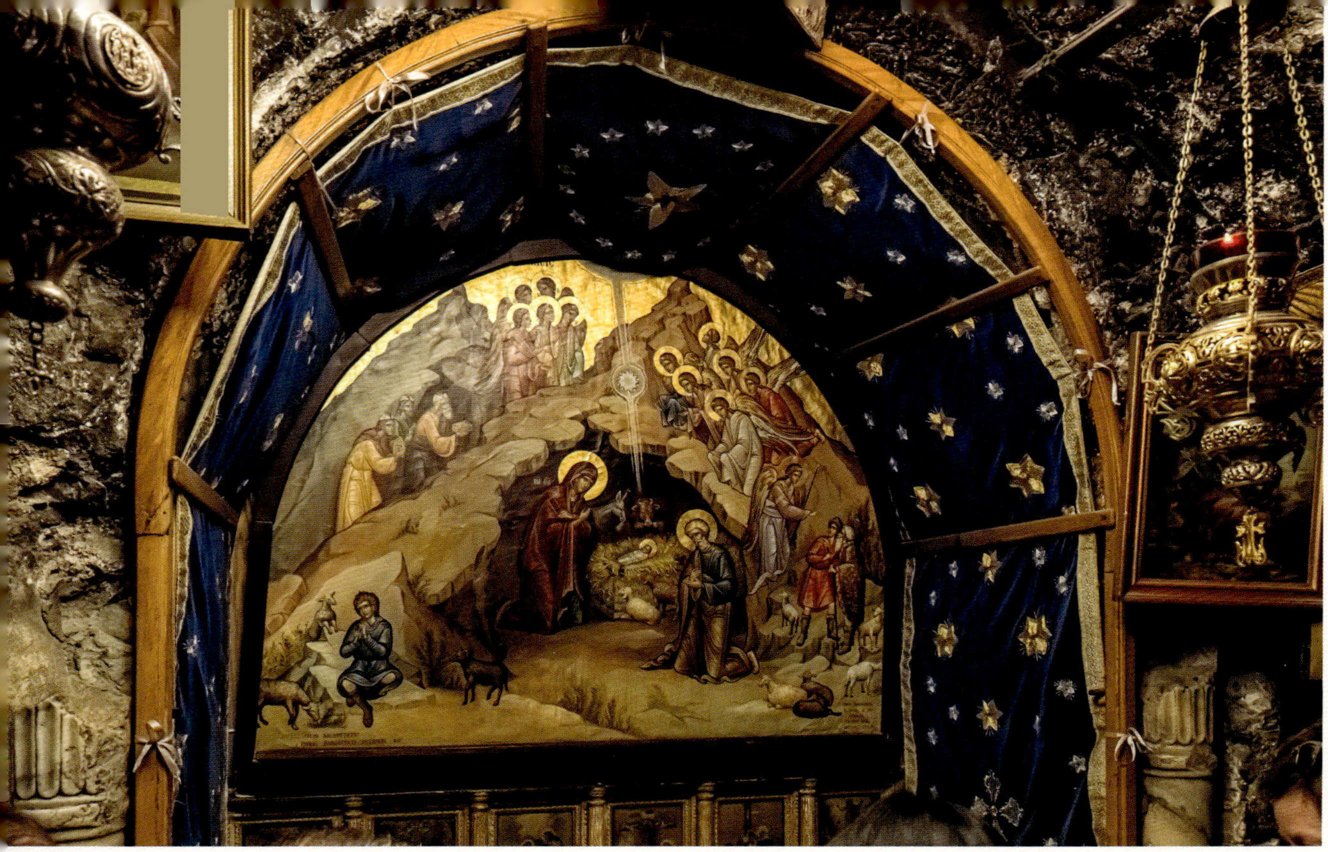

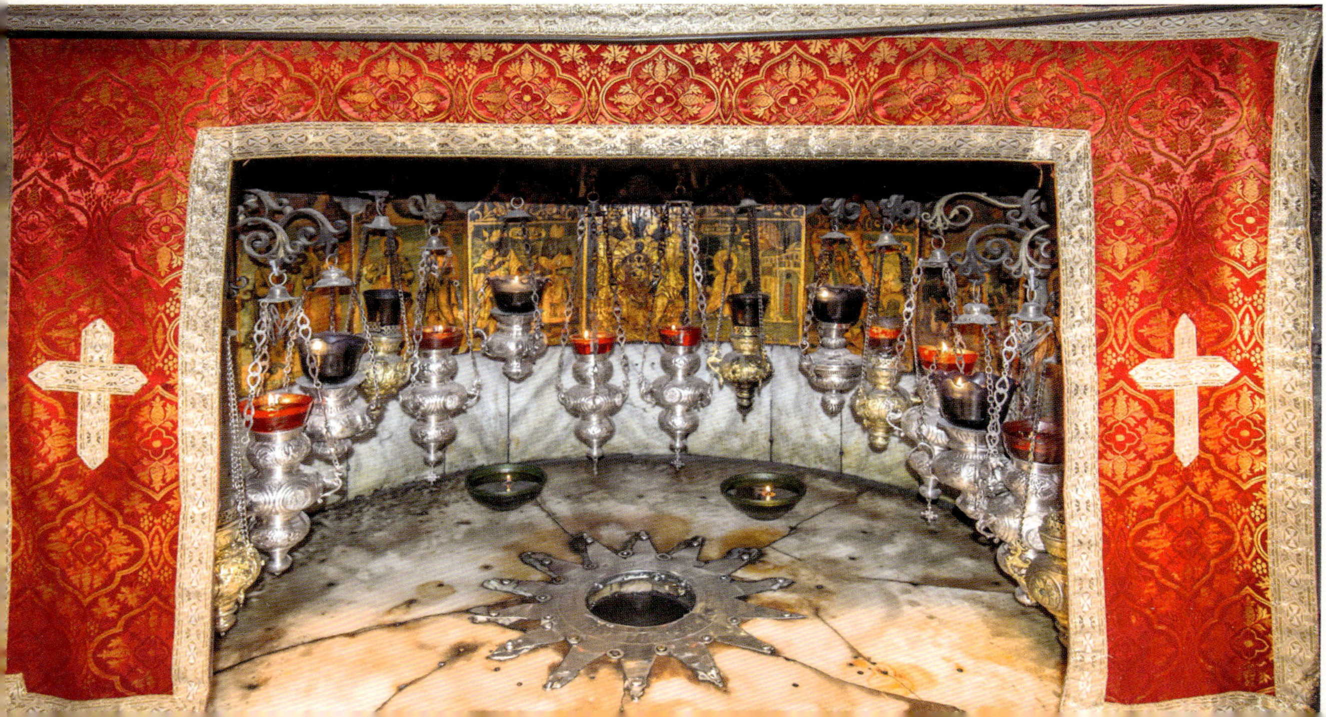

baut wurde und deren Wände heute unter schweren Wandbehängen verborgen liegen. Die „Herzstücke" der Grotte sind der silberne Geburtsstern, welcher der Überlieferung nach den Ort der Geburt Jesu markiert, und die steinerne Krippe. Hier legte Maria ihren kleinen Sohn schlafen, und hier beteten die Weisen aus dem Morgenland den kindlichen König an.

Als ich das allererste Mal die Geburtskirche besuchte, habe ich mich gefragt, wieso Jesus in einer Höhle geboren sein soll – kannte ich doch seit meiner Kindheit nur die schönen Krippenszenen mit einem hölzernen Stall. Mit der Zeit fiel mir auf, dass die ältesten Darstellungen der Geburt Jesu – z. B. auf einer byzantinischen Ikone aus dem Katharinenkloster im Sinai – Maria mit dem in Leinenbinden gewickelten Jesuskind in einer Höhle zeigten. Sehr wahrscheinlich, so lernte ich, lag der Geburtsort Jesu im felsigen Untergeschoss eines Wohnhauses, das auch als „Stall" diente für die Nutztiere seiner Bewohner (vielleicht Familienangehörige von Josef?). Vorbei war es nun mit der irgendwie auch romantischen Vorstellung, dass Maria und Josef bei der Geburt ihres Sohnes mutterseelenallein gewesen waren. Ja, die alte christliche Tradition erzählt sogar von zwei Hebammen, eine mit Namen Salome, die bei der Entbindung halfen.

Ich erinnere mich noch an einen besonderen, seltenen Moment, in dem wir mit einer Gruppe aus Deutschland die Grotte menschenleer vorfanden. Es war zwar nicht zur Weihnachtszeit, aber dennoch stimmten wir das Lied von Paul Gerhardt an: *„Ich steh an deiner Krippe hier, o Jesu, du mein Leben. Ich komme, bring und schenke dir, was du mir hast gegeben."* Nie wieder haben wir diese Verse so bewegt gesungen wie an diesem Ort, an dem Gott in seinem Sohn zu uns Menschen herabgestiegen ist, um uns nahezukommen. Und es schien mir fast, als würde ich mit den „Weisen" dort stehen, die von weit her gekommen waren, um dem Christuskind das Wertvollste zu schenken, was sie besaßen – nicht nur Gold, Weihrauch und Myrrhe, sondern auch ihr Herz.

*Steffi Baltes*

15

# Marathon in der Wüste –
# das Gespräch mit Gott ist mein Leben

Ja, sage ich mir, mit der Kraft, die du, Gott, mir gibst, werde ich den Wüsten-Marathon schaffen. Ich laufe gerne Wüsten-Marathons. Auch in der Wüste Negev (im Timna Park) ist viel Stille. Hier kann ich gut zuhören. Und ich halte das Gespräch mit Jesus am Laufen, meinem Freund, der immer bei mir ist. Trotz der Anstrengung nehme ich IHN wahr:

im Leuchten des Sandes,
im Blau des Himmels,
im Gleichtakt meiner Bewegungen,
in der Schönheit dieser Wüste.

An den entscheidenden Stationen meines Lebens hat mich das Gebet in der Stille gestärkt und Gottes

Willen wahrnehmen lassen: als Kind im dunklen Wald, als junger Mann in der alten Klosterkirche von Chevetogne, in trostloser Einsamkeit ebenso wie bei langen Läufen – auch in der Weite der Wüste Negev spüre ich seine Kraft. Das Gespräch mit Gott ist mein Leben.

Ich genieße den Wettkampf in der Wüste. Jeden einzelnen will ich gut schaffen. Vor jedem Marathon bete ich zu Gott, der immer bei mir ist:

*Lass mich den Lauf meines Lebens laufen!*
*Und nimm von mir alle Angst, auf der Strecke zu bleiben.*
*Bewahre mich davor, meine Ellenbogen einzusetzen,*
*um andere abzudrängen.*
*Lass mich mit Leib und Seele unterwegs sein!*
*Sei du der Atem, der mich erfüllt.*
*Sei du die Hoffnung, die mich das Ziel erkennen lässt,*
*zu dem ich unterwegs bin.*
*Schenk mir die Kraft, anderen Unterstützung zu geben.*
*Bleib bei mir auf Durststrecken.*

*Stärke mich in Atempausen.*
*Lass mich den Lauf meines Lebens laufen.*
*Mit Liebe und Hingabe.*
*Amen.*

In meiner Seele breitet sich eine Ruhe aus, wie ich sie bislang selten empfunden habe. Ausgelöst durch die Beobachtung mit Blick in die Weite der Wüste kreisen meine Gedanken ... Ja, ich weiß: Ich bin nicht allein. Gott ist bei mir, er hat mich bis jetzt immer in der Wüste bei den Marathons beschützt, und er lässt mich nicht im Stich.
Ich singe oft, ohne darüber nachzudenken, laut das Lied „Morgenstern der finstern Nacht" in die weite Stille hinein.

„Schau, dein Himmel ist in mir,
er begehrt dich, seine Zier.
Säume nicht, o mein Licht,
komm, komm, eh der Tag anbricht.

Deines Glanzes Herrlichkeit
übertrifft die Sonne weit;
du allein, Jesu mein,
bist, was tausend Sonnen sein.

Du erleuchtest alles gar,
was jetzt ist und kommt und war;
voller Pracht wird die Nacht,
weil dein Glanz sie angelacht."

*P. Tobias Breer OPraem*

# Sie kamen nach Kafarnaum

Schon als Jugendliche merkte ich, dass Kafarnaum ein heiliger Ort ist. Hier geht es Jesus gut. Er findet eine Gemeinschaft. Er kann lehren, heilen und beten. Lange bevor ich den historischen Ort am See das erste Mal besuchen durfte, war ich schon ein Fan von Kafarnaum.

Im Markusevangelium ist dieser Ort Kafarnaum auf jeden Fall so etwas wie die zweite Heimat Jesu. Am See ist es anders als in der eigentlichen Heimat Nazareth, wo sie ihn vom Felsen stürzen wollen.

Mich beeindruckt diese Klarheit in Markus 1,21: „Sie kamen nach Kafarnaum." Punkt. Keine Erklärung. Kein Wort darüber, wo dieser Ort genau liegt und wer da sonst noch wohnt. Jesus startet in Galiläa mit seiner Verkündigung: „Die Zeit ist erfüllt, das Reich Gottes ist nahe. Kehrt um und glaubt an das Evangelium" (Mk 1,15). Am See trifft er auf Fischer. Simon und Andreas sowie Jakobus und Johannes gehen hinter ihm her ... Und: „Sie kamen nach Kafarnaum."

◄ *Die Synagoge von Kafarnaum*

Ich lernte als junge Studentin der Theologie in und an Kafarnaum, dass all die neutestamentlichen Texte eben nicht als Erstes die wirklich richtige und wahre Biografie Jesu schreiben wollen. In einem Tag sind alle Tage enthalten und Jesu gesamter Weg ist wie vorgezeichnet.

Die Ausgrabung in Kafarnaum ist einer der Orte, an denen man sehr nah an einen Text der Evangelien kommt. Die sichtbaren Grundmauern der ausgegrabenen Wohnhäuser rund um die Synagoge ermöglichen, sich mit Jesus in Kafarnaum zu bewegen. Die ursprüngliche Synagoge aus der Zeit Jesu bestand aus demselben schwarzen Basaltstein wie diese Wohnhäuser. Man kann etwas abseits vom Massentourismus zwischen den Häusern spazieren. Die inneren Bilder wachsen. Aus den Grund-

mauern erstehen kleine Häuser und Höfe. Menschen laufen vorbei, tragen Gemüse und Fisch, Kinder spielen, Katzen wärmen sich in der Sonne, Esel schreien und Stimmen dringen bis zu mir durch. Man riecht den See.

Auch wenn die Synagoge mit den weißen Marmorsteinen erst aus dem 5. Jahrhundert nach Christus stammt, sie steht am selben Ort. Diese Synagoge ist so rekonstruiert, dass man sich niederlassen kann. Schrift lesen, sich verbinden mit all denen, die schon hier gesessen haben. Die den Lesungen zugehört haben und sich dazu ausgetauscht haben.

Wir stehen auf und spazieren die wenigen Schritte zum Haus der Heilung der Schwiegermutter. Es liegt mitten in den Wohninseln. Sichtbar sind die achteckigen Einbauten aus dem 5. Jahrhundert. Wer genau schaut (oder die Bilder auf den Tafeln betrachtet), erkennt den mehrfarbigen Fußboden, der anzeigt, dass aus dem Wohnhaus ein Ort der Versammlung geworden war. In Erinnerung an die Familie des Petrus, als *domus ekklesia* der ersten christlichen Familien, wurde aus einem kleinen Haus schließlich eine Pilgerkirche. Seit 1990 überwölbt diesen frühchristlichen Ort die scherzhaft „Raumschiff" genannte moderne Pilgerkirche. Sie hält den Blick frei auf den ursprünglichen Ort und ermöglicht quasi von oben, sich am Ort zu fühlen.

◀ *Innenraum der modernen Pilgerkirche*

▲ *Luftaufnahme der Ausgrabungsstätte*

Noch näher fühlt man sich der Erzählung des ersten Tages in der weißen Synagoge. Zuletzt saß ich dort im Februar 2022 mit einer Freundin. Das erste Mal wieder unterwegs, immer noch in der Pandemie.

Es waren nur wenige andere Touristen da. Wir lasen uns aus Markus vor. Wir tauchten ein in den Text und verstanden: Bis heute sind die Dämonen da. Fieber und Krankheit sind Realität. „Dazu bin ich gekommen", so lesen wir in Vers 38. Mit diesem Wort brechen wir von Kafarnaum wieder auf. Im Wissen, dass wir jederzeit wiederkommen können. Als Pilgerinnen oder daheim als Leserinnen der Erzählungen aus Kafarnaum. „Sie kamen nach Kafarnaum."

*Katrin Brockmöller*

# Bewegende Begegnungen
# an einem besonderen Ort

Ein Ort in Israel, der mich sehr beeindruckt und den ich möglichst mehrmals im Jahr besuche, ist das Heim für Holocaustüberlebende in Haifa. Es wird von Juden und Christen gemeinsam betrieben. Seit 2010 finden hier bedürftige Holocaustüberlebende ein Zuhause. Die Bewohner selbst nennen es liebevoll die „Gemeinschaft der Herzlichkeit". Diejenigen, die dort leben, haben eine ganz besondere Ausstrahlung. Manche haben Auschwitz oder andere Todeslager überlebt. Mit aufwühlender Dringlichkeit und Besorgnis sagen sie: „Wir wollen unsere Geschichten erzählen und an die nachfolgenden Generationen weitergeben, denn wenn wir mal nicht mehr sind, werden die Leute sagen, den Holocaust hätte es nie gegeben." Diese Worte, die ich seit meinem ersten Besuch im Haifa-Heim immer wieder höre, und die Berichte der Bewohner bewegen mich zutiefst.

So steht mir die Begegnung mit Esti Lieber noch immer lebendig vor Augen. Ihr Vater wurde getötet, als die Deutschen ihr Dorf in Polen niederbrannten. Die fünfjährige Esti floh mit ihrer Mutter und ihren Schwestern in den Wald und musste mit ansehen, wie ihre Mutter und eine Schwester erschossen wurden. Mit einer anderen Schwester gelang Esti die Flucht – bis heute weiß sie nicht, wie sie entkommen konnten. Eine christliche Bäuerin nahm das kleine Mädchen schließlich bis zum Kriegsende auf und versorgte sie.

Das Haifa-Heim wird von der Internationalen Christlichen Botschaft Jerusalem (ICEJ) und unserer israelischen Partnerorganisation gemeinsam betrieben. Als ich es vor zwölf Jahren das erste Mal besuchte, ahnte ich noch nicht, dass unser Filmteam ein paar Jahre später die Möglichkeit haben

▲ *Bewohner des Haifa-Heims vor dem Stadtpanorama, darunter Esti Lieber (2. v. r.)*

▲ *Gottfried Bühler besucht seine Tochter Kathlin und Haifa-Heim-Bewohnerin Yudit Hershkowitz.*

Die 97-jährige Schoschanna erzählte mir zwei Jahre vor ihrem Tod von ihren schrecklichen Erfahrungen im Holocaust. Sie hatte Auschwitz und einen Todesmarsch überlebt. Ihr Leben lang litt sie unter dem Verlust ihrer Familie, die in den Gaskammern von Auschwitz ermordet worden war. Schoschanna war eine tiefgläubige Frau und sagte, ihr Glaube an den Gott Israels, der seine Hand schützend über sein Volk hält, habe ihr geholfen, den Holocaust zu überleben. Ihr größter Wunsch war Frieden für Israel und Gesundheit für ihre Enkel und Kinder. Schoschannas Lebenswille, ihre Freundlichkeit und Lebensfreude, trotz allen Leids, haben mich tief beeindruckt. Es freut mich sehr, dass die Liebe und der Einsatz für Israel, insbesondere für Holocaust-überlebende, bereits die nächste Generation ergrif-

würde, die Lebensgeschichten von einigen Bewohnern aufzuzeichnen, damit sie nicht vergessen, sondern für die kommenden Generationen bewahrt werden. Sie haben die Schrecken des Holocaust als Kinder und junge Erwachsene überlebt. Manche kamen mit Flüchtlingsschiffen im Hafen von Haifa an. Diese beeindruckenden Menschen haben meinen größten Respekt. Denn im Gelobten Land war das Leben nicht leicht. Inmitten eines feindlichen Umfelds gründeten sie Familien und zogen Kinder groß, während sie hart arbeiteten, um das Land urbar zu machen und den jungen Staat Israel aufzubauen.

▲ *Begegnung in Jerusalem: Bühler trifft den Holocaustüberlebenden Josef Aron.*

▲ *Die deutschsprachigen Pastoren und christlichen Leiter bei der Gedenkveranstaltung zum 70. Jahrestag der Wannsee-Konferenz auf dem Warschauer-Ghetto-Platz in Yad Vashem.*

fen hat: Meine Tochter Kathlin entschied sich nach ihrem Abitur für einen Einsatz im Haifa-Heim.

Im Herbst 1991 reiste ich zum ersten Mal nach Israel. Meine Eltern hatten meinen Bruder Jürgen und mich auf diese Reise eingeladen. Der Besuch in Yad Vashem, der Internationalen Holocaustgedenkstätte in Jerusalem, berührte und inspirierte mich besonders. Ich wurde auf die Wannsee-Konferenz aufmerksam, die knapp 50 Jahre zurücklag. Damals hatten hohe Nazi-Funktionäre die Umsetzung des Massenmords an den elf Millionen europäischen Juden geplant. Ich empfand, dass wir ein Zeichen setzen müssten. Mit einer Gruppe von Pastoren und jungen christlichen Leitern aus Deutschland kehrte ich nur wenige Monate später, im Januar 1992, nach Jerusalem zurück. Gemeinsam legten wir in Yad Vashem Kränze nieder. Der damalige Bürgermeister Teddy Kollek und mehrere Knesset-Abgeordnete brachten Grußworte. Die Internationale Christliche Botschaft Jerusalem (ICEJ) half bei den Vorbereitungen vor Ort. Zu dem Zeitpunkt ahnte ich noch nichts von meiner zukünftigen Verbindung mit der ICEJ, doch der Grundstein meines Einsatzes für Israel war gelegt.

Das Gedenken an den Holocaust und die furchtbaren Schicksale von sechs Millionen Juden, darunter eineinhalb Millionen Kinder, haben mich seitdem nicht mehr losgelassen. Als sich die Wannsee-Konferenz 2012 zum 70. Mal jährte, initiierte ich erneut eine Gedenkzeremonie und legte mit deutschen Leitern und Pastoren in Yad Vashem Kränze nieder. Die persönlichen Begegnungen mit Holocaustüberlebenden vertieften meine Überzeugung, dass wir der Vergangenheit gedenken müssen, um eine gute Zukunft, ein gutes Miteinander von Juden und Christen, Deutschen und Israelis gestalten zu können.

Ich danke dem Gott Abrahams, Isaaks und Jakobs von Herzen dafür, dass wir nach unserer dunklen deutschen Geschichte sein geliebtes Land und Volk Israel heute von Deutschland aus segnen und unterstützen dürfen.

*Gottfried Bühler*

▲ *Zum 70. Jahrestag der Wannsee-Konferenz legt Bühler (rechts) einen Kranz in der Gedenkhalle in Yad Vashem nieder.*

# Mein erstes Mal in Israel –
# mein erstes Mal in Yad Vashem

Nach dem Abitur, Ende der 1970er Jahre, wollte ich nach Israel. Ich hatte Gelegenheit, mich einer internationalen Reisegruppe anzuschließen. Aber in meinem Herzen spürte ich, dass ich noch warten sollte. Wenn ich das erste Mal nach Israel ginge, würde Gott die Tür aufmachen und der Besuch würde mit meiner Lebensberufung zu tun haben. So war mein Eindruck.

Das erste Mal nach Israel kam ich im Jahr 1992 auf Einladung eines Freundes, der es auf sein Herz gelegt bekam, 50 Jahre nach der berühmt-berüchtigten „Wannseekonferenz" vom 20.01.1942 mit einer Delegation von Christen aus der Nachkriegsgeneration diesen Ort des Gedenkens an den Holocaust aufzusuchen, um ein Zeichen der Reue zu setzen. Das leitende Motto war ein Vers aus dem Prophe-

▼ *Denkmal für die Kinder in Yad Vashem*

ten Jesaja: „Und tief gebückt werden die Söhne deiner Unterdrücker zu dir kommen …" (Jes 60,14). Die Wannseekonferenz war das entscheidende Treffen des NS-Regimes, auf dem die sogenannte „Endlösung der Judenfrage", also der industriell abgewickelte Völkermord an den ca. 11 Millionen europäischen Juden beschlossen wurde.

So flog ich also im Januar 1992 mit dieser Delegation von zwölf jungen Christen aus Deutschland zum ersten Mal nach Israel. Israel, besonders Jerusalem, beeindruckten mich von Anfang an tief. So viele geschichtsträchtige, vor allem biblische Orte. Gleichzeitig so viel sprudelndes Leben, Vielfalt und Modernität.

Dann kam der große Tag. Der 20. Januar 1992.
Der Tag begann mit einer zweistündigen Führung durch Yad Vashem. Die Kindergedenkstätte, die Haupthalle, eine Sonderausstellung mit Zeichnungen aus den KZs. Überwältigend! Erdrückend! Aufwühlend! So viel Leid! So viel Grausamkeit! So viel deutsche Abgründe!!! Ich war danach noch dutzende Male in Yad Vashem. Aber der erste Besuch hat sich mit Abstand am tiefsten in meine Seele eingebrannt.
Wir wurden weitergeführt in die Gedenkhalle mit Gedenkflamme und den Namen von 22 nationalsozialistischen Mordstätten. Eine kurze, bewegende Zeremonie und dann ging es in das Auditorium, dem Hauptort unseres Besuchs. Es warteten Abgeordnete der Knesset (des Israelischen Nationalparlamentes), Journalisten, Würdenträger und ca. 150 weitere Besucher. Die Hälfte etwa waren Israelis. Die andere Hälfte Deutsche. Unser Besuch hat Interesse geweckt. Später erfuhren wir, dass in Deutschland sogar die Tagesschau kurz über unseren Besuch berichtete.
Es herrschte Unruhe im Saal. Fragen des Protokolls waren offenbar nicht geklärt. Der Plan war, dass es von der deutschen Gruppe drei Redner geben sollte. Einer sollte über die Schuld Deutschlands sprechen, einer über die Schuld der deutschen Wirtschaft und einer über die Schuld der deutschen Kirche. Der dritte war ich. Unklar war die

Frage, wer auf israelischer Seite alles spricht. Der damalige Jerusalemer Bürgermeister Teddy Kollek war anwesend. Er sagte, er wolle erst unsere Aussagen hören, ehe er sich entscheidet, ob er spricht. Er saß auch nicht in der ersten Reihe, sondern in der Mitte des Saals. Er war skeptisch. Wir als deutsche Sprecher hatten uns darauf geeinigt, unsere Beiträge in Englisch zu bringen, um den Israelis nicht die Sprache der Täter zuzumuten. Ich hatte mich vorab tagelang auf meine zehn Minuten vorbereitet. In der Vorbereitung wurde mir zum ersten Mal in größerer Tiefe bewusst, dass der christliche Antisemitismus bis in die Zeit der Kirchenväter zurückreicht, dass die kirchliche Ersatztheologie und ihre Auswüchse Hunderttausende von jüdischen Menschenleben gekostet hat und dass Martin Luther in den letzten Jahren seines Lebens und Wirkens ein glühender Judenhasser war. Nun hatte ich zehn Minuten Zeit, die Summe meiner Erkenntnisse auf Englisch an diesem einzigartigen Ort zum Ausdruck zu bringen. Ich fühlte mich gleichzeitig absolut überfordert und absolut eingehüllt in einen göttlichen Frieden. Später erkannte ich: Genau diese zehn Minuten waren der Berufungspunkt, auf den ich seit etwa dreizehn Jahre gewartet hatte: Israel – Deutschland – wir Christen. Die DNA meiner Berufung und meines Lebens. Wir beendeten unsere Beiträge damit, dass wir die genannte Bibelstelle aus Jesaja vorlasen und uns dann als Delegation gemeinsam tief verbeugten. Ernste Stille lag über dem ganzen Raum. Manche Träne floss.

Dann kamen die israelischen Sprecher. Auch etwa drei. Und dann war die spannende Frage: Wie würde sich Bürgermeister Kollek verhalten? Würde er kommen? Würde er sprechen? Und er kam. Und er sprach. Und als er sprach, ging ein Raunen durch den Saal. Denn er antwortete in tiefstem Wiener Dialekt. Auf Deutsch. Hinterher erfuhren wir, dass dies bei ihm äußerst selten in der Öffentlichkeit vorkam. Es war ein Ausdruck des Vertrauens. Das Eis war gebrochen. Zwischen Deutschen und Israelis auf der Bühne und gleichermaßen zwischen Deutschen und Israelis im Saal entstand eine echte Herzensbegegnung. Wiederum: Es war ein Moment, ein Erlebnis, das mich für den Rest meines Lebens geprägt hat.

Ich bin danach vielleicht noch einhundert Mal in Israel gewesen. Dutzende Male in Yad Vashem. 20 Jahre später, um den 20. Januar 2012 herum, initiierte ich eine Gedenkveranstaltung in Berlin. Mit Holocaustüberlebenden, prominenten Vertretern aus Israel, Bundestagsabgeordneten und Prominenz aus Berlin. Dieses und viel mehr wurde zu sichtbaren Früchten dieses ersten Besuches, dieses denkwürdigen Besuches, der meine Lebens-DNA für immer bestimmt hat.

*Harald Eckert*

# „Tief ist der Brunnen der Vergangenheit ..."

Im Herbst 1985 stieg ich in den Flieger nach Israel. Worauf ich mich einließ, wusste ich damals noch nicht. Professor Volkmar Fritz, biblischer Archäologe, in den Kreisen seiner Zunft auch „Scherben-Fritz" genannt, hatte in meiner Heimat-Kirchengemeinde einen Vortrag gehalten. Von einer Ausgrabung am See Genezareth hatte er berichtet, und davon, dass er Volontäre für die letzte Grabungskampagne suchte. Ich war damals Abitu-

rient, interessierte mich brennend für die realen historischen Hintergründe der biblischen Erzählungen und spielte mit dem Gedanken, Theologie zu studieren. Gab es eine bessere Chance, meiner Neugier zu folgen – und mir nebenbei über meine eigene Zukunft klar zu werden?

So fand ich mich Anfang September in der Hitze des israelischen Spätsommers mit 65 anderen Volontären und dem 17-köpfigen Archäologen-Team am Fuße eines unscheinbaren Hügels am Ufer des Sees Genezareth wieder: dem Tell el-'Orēme. Hatte ich Reste beeindruckender Tempelbauten oder zumindest die sichtbaren Ruinen einer alten Zitadelle erwartet? Ich weiß es nicht mehr. Jedenfalls verbarg das Gelände seine Geheimnisse einstweilen gut.

Jeder, der schon einmal am Nordufer des Sees Genezareth gewesen ist, hat den Tell el-'Orēme gesehen. Südwestlich von Tabgha erhebt er sich zwischen dem dortigen Pilgerhospiz und der Quelle Ain et-Tine, heute eine nationale Pumpstation. Aber verglichen mit der Anziehungskraft der Brotvermehrungsstätte oder dem einige Kilometer entfernten Kafarnaum fristet er ein Schattendasein.

▼ *Ausgrabungen am Tell el-'Orēme*

Das gilt allerdings nicht für die Archäologen! Im 19. Jahrhundert kaufte der Deutsche Verein vom Heiligen Land das Gelände am Seeufer, weil man hier das biblische Kafarnaum vermutete. Dessen tatsächlicher Ort ist inzwischen längst erschlossen. Der Tell el-'Orēme hingegen offenbarte eine ganz andere, nicht minder faszinierende Siedlungsgeschichte. Sie reicht von der Jungsteinzeit im 4. Jahrtausend v. Chr. bis in die Zeit der Assyrer (7. Jahrhundert v. Chr.). In biblischer Zeit hieß der Ort Kinneret (Jos 19,35). Diesem Namen liegt die Buchstabenverknüpfung knr (= Leier) zugrunde. In der Tat hat der See Genezareth, von oben und mit Fantasie betrachtet, ja durchaus die Form einer Leier. Wahrscheinlicher ist jedoch, dass der Name des Ortes auf eine kananäische Gottheit zurückzuführen ist, zu deren Attributen eine Leier gehörte. So gab die antike Stadt dem See seinen hebräischen Namen *Kinneret*, nicht umgekehrt. In der Epoche der biblischen Richter muss Kinneret eine beeindruckende und kulturell hoch entwickelte Großstadt gewesen sein. Sowohl militärisch als auch ökonomisch lag sie strategisch überaus günstig: Wer von Süden nach Norden ins galiläische Bergland wollte, musste den Ort passieren. Und auch später, in der Zeit der Nachfolger Salomos, als der internationale Handel aufblühte, war Kinneret – etwas kleiner zwar als zuvor und längst Teil des Nordreiches Israel – eine wichtige Durchgangsstation. Hier konnten Händler übernachten und sich mit Proviant versorgen.

Doch von all dem ahnte ich wenig, als ich am Morgen des ersten Grabungstages am Fuße des Tell el-'Orēme stand. Genauer gesagt: eine Stunde vor Sonnenaufgang im Hof der Herberge Kare Deshe vor einem riesengroßen Bottich schwarzen Kaffees – einen dampfenden Becher in der einen, ein Stück Weißbrot in der anderen Hand. Der Aufstieg zu den sieben Grabungsarealen am Südhang war steil und sollte in Angriff genommen werden, wenn die Luft noch frisch war. Mit dem Sonnenaufgang begann dort die Arbeit. In dem Areal, für das ich eingeteilt war, mussten nach genauen Vorgaben Erde abgetragen und Flächen freigelegt werden. Täglich wurde von nun an bis mittags auf dem Tell gearbeitet. Nachmittags und abends reinigten wir, auf langen Holzbänken sitzend, die Keramik und die übrigen Funde. Manche Zahnbürste fand dabei einen ganz neuen Verwendungszweck …

Nein, eine antike Vase habe ich nicht gefunden. Nicht einmal einen alten Trinkbecher. Stattdessen zahlreiche Scherben. Viele davon landeten mit den „Fundstücken" der anderen auf einem großen Schutthaufen. Aber manches konnte, nach intensiver Inaugenscheinnahme durch die Archäologen, anderen Exemplaren zugeordnet, dokumentiert, gezeichnet und gegebenenfalls später restauriert werden. Vor allem aber konnten die Fachleute die Keramik anhand ihrer Kanten und Wölbungen datieren; ein Vorgang von unschätzbarem Wert für die historische Einordnung der einzelnen Besiedlungsschichten der gesamten Anlage.

An den Wochenenden gab es lehrreiche Exkursionen zu anderen archäologischen Grabungsorten

▲ *Boot auf dem See Genezareth*

im Norden Israels. Und manche überraschende Entdeckung in der unmittelbaren Umgebung: die herrlichen Mosaiken in den Überresten eines omaijadischen Palastes direkt neben der benachbarten Pumpstation zum Beispiel, die sich dem ahnungslosen Wanderer damals auf den ersten Blick ebenso geheimnisvoll verbargen wie die Schätze des antiken Kinneret.

Auf dem Tell el-'Orēme selbst konnten 1985 ein großes Pfeilerhaus, Wohnhäuser und Teile der Zitadelle freigelegt werden. Bereits drei Jahre zuvor hatte man die Figurine eines sitzenden Gottes ausgegra-

ben. Aber so bedeutend diese Funde auch sind – bleibend im Gedächtnis sind mir bis heute jene besonderen Momente nach einem anstrengenden Grabungsvormittag, in denen die Überlegungen von „Scherben-Fritz" zu einem Stück aus der Fülle der zu reinigenden Keramik einen kurzen Blick in das Leben einer längst vergangenen Zeit freigaben. Zugleich bewundere ich bis heute die Gelehrsamkeit und Gedankenschärfe, die uns Menschen ermöglicht, jene Zeugnisse zum Sprechen zu bringen. So können wir ein Bild der Vergangenheit als Teil einer langen Geschichte entstehen lassen, zu der wir selbst wie unsere Vorfahren gehören. Vielleicht ist es der Geist des Ewigen, der dies in uns bewirkt.

Oft habe ich in der Abenddämmerung auf dem unscheinbaren und doch so geschichtsträchtigen Tell el-ʿOrēme gesessen, über den See zu den Ausläufern des Golans geschaut und im Geiste Psalm 121 nachgesprochen: „Ich hebe meine Augen auf zu den Bergen. Woher kommt mir Hilfe? Meine Hilfe kommt vom Herrn, der Himmel und Erde gemacht hat …" In diesen Momenten habe ich ein tiefes Gefühl der Verbundenheit verspürt mit denen, die vor mir über diese Erde gegangen sind und es nach mir tun werden. Eine Verbundenheit, die aus dem Bewusstsein entsteht, dass wir alle zu allen Zeiten vom Ewigen getragen werden. Und ich wusste: Wer möglich macht, dass wir uns ein lebendiges Bild von der Vergangenheit machen, der gibt auch seinen Geist, wenn wir unsere Zukunft austüfteln.

*Martin Fricke*

*Griechisch-orthodoxe Kirche der Zwölf Apostel* ▼

# Verborgene Schönheit
# in „unserer" Gasse in Jerusalem

Als mich die Anfrage erreichte, ob ich einen Beitrag zu diesem Buch leisten möchte, musste ich angesichts der Frage nach meinem Lieblingsort in Israel erst einmal nachdenken. Seit zehn Jahren sind meine Frau und ich für gewöhnlich mindestens zwei Mal im Jahr dort, um hauptsächlich in der Altstadt von Jerusalem das Gebet und die Ökumene zu fördern. Während der zahlreichen Aufenthalte haben wir viele besondere Orte kennengelernt, und so gäbe es mehr als einen Kandidaten für „den" Lieblingsort. Zuerst kamen mir spektakuläre Naturschauplätze und geistlich bedeutsame Orte in den Sinn, aber dann erkannte ich, dass mein Lieblingsort eine kleine, unscheinbare Gasse ist, die sich mitten in der Altstadt von Jerusalem befindet.

Die ungefähr 200 Meter der Al-Khanqa sind auf den ersten Blick kein Ort der Schönheit. Unentwegt schlängeln sich Menschen durch die Gasse, es ist ein wenig schmutzig und manchmal ziemlich laut. Wie also kommt es, dass ausgerechnet sie mein Favorit ist? Die Antwort liegt in einer Schönheit, die einen anderen Ursprung hat als äußere Gefälligkeit, architektonische Größe oder historische Bedeutung.

Sie entspringt den Herzen der Menschen, die hier leben und arbeiten. Ihre Geschichten, ihre Träume, ihre Freuden und ihr Leid berühren mich und lassen vor meinen Augen eine ganz eigene Schönheit entstehen, die mich anzieht.

Die Schönheit der Gasse muss man entdecken, und das geht sozusagen nur in Zeitlupe. Wer auf dem Weg zu so bekannten Orten wie der Grabeskirche, der Via Dolorosa oder zu einem der Stadttore durch die Al-Khanqa eilt, auf den wird sie keinen bleibenden Eindruck machen.

Mich verlangsamt sie in meiner Eile, zum nächsten „wichtigen Termin" zu gelangen.

Sie tut mir gut, weil sie meinen Blick auf den einzelnen Menschen lenkt. Die Vertiefung der Beziehungen zu den Menschen hier erfordert Zeit, aber die Frucht davon ist süß. Nach und nach öffnen sich die Herzen der Menschen. Wo anfangs ein eher oberflächlicher Gruß im Vorübergehen stand, entsteht eine freundschaftliche Verbindung, je mehr Zeit man sich nimmt. Sehnsüchte treten zutage, Ängste und Sorgen, aber auch Freude und Stolz auf die eigene Familientradition.

Der Ausgangspunkt des Abschnittes, den meine Frau und ich „unsere Gasse" nennen, beginnt beim für den Markt der Altstadt Jerusalems typischen Shop von Issam. Mit geschultem Blick begrüßt er die vorbeischlendernden Touristen mit einigen Worten in deren Muttersprache. Die Aufmerksamkeit von Deutschen gewinnt er, indem er ihnen lächelnd ein „Holla die Waldfee" entgegenruft. Wer dann verdutzt stehen bleibt, staunt über sein schönes Deutsch. Will man sich ernsthaft mit ihm unterhalten, muss man dies auf Englisch tun, denn seine perfekten deutschen Sätze sind auswendig gelernte Freundlichkeiten, mit denen er um Kunden wirbt. Das Geschäft ist hart, die Konkurrenz ist groß, man muss sich aus der Masse des Angebots herausheben, das sich in so vielen Shops ähnelt. Jack, der Tortenbäcker, tut dies auf andere Weise: Seine Torten, Kuchen und Soufflés sind einzigartig und das ist auch sein Laden. Zur Gasse hin steht eine Kühltheke mit frischen Backwaren, die einem das Wasser im Munde zusammenlaufen lassen. Der Schein trügt nicht, das äußere Versprechen wird inhaltlich gehalten. Wer noch nie vor Jacks Patisserie auf einem der winzigen Hocker einen Kaffee und ein heißes Schokoladensoufflé genossen hat, dem sei dies sehr empfohlen.

Vorbei an weiteren Shops trifft man auf ein Juweliergeschäft. Ibrahim, ein gebildeter und stets freundlicher Familienvater, scheint immer Zeit für seine Kunden und erst recht für Freunde zu haben. Der Einstieg in die zweite Kategorie mag vielleicht mit einem Kauf begonnen haben, aber seine Hilfsbereitschaft und Freundlichkeit sind davon unabhängig.

Gleich gegenüber haben wir Freunde, bei denen wir immer wieder einkehren und – wie bei anderen – auch schon in ihrem Zuhause gut bekocht wurden. Es sind die drei Brüder Jack, George und Tony, deren Vater Saliba einst aus dem Libanon nach Israel kam und in Jerusalem das kleine libanesische Restaurant gegründet hat, das nun von seinen Söhnen weitergeführt wird. Sie sind katholische Christen und gehören zur franziskanischen Kirche etwas weiter oben in der Gasse. Im Restaurant trifft man interessante Menschen: Pilger, Touristen, aber auch Anwohner. Das Essen ist einfach, aber gut, und danach verlassen wir das Lokal unter Umarmungen, manchmal erst nach einem Gebet für einen Anwesenden, das sehr gerne angenommen wird. Vor der Türe steht man fast schon auf der Schwelle des nächsten Bekannten: Jerries Barbershop. Schon die Beobachtung des Geschehens durch die Glasfront des Ladens lohnt sich. Es ist eine reine Männerdomäne – wiederum betrieben von drei Brüdern –, aber was für eine. Man sieht Männer mit Schönheitsmasken, das Entstehen kunstvoller Rasuren und Haarschnitte oder die Entfernung von unliebsamen Härchen mittels einer speziellen Fadentechnik. All dies geschieht in einer Geschwindigkeit, deren fließende Bewegungen schön anzusehen sind. Jedes Mal, wenn ich in Jerusalem bin, lasse ich mir von Shady, dem jüngsten der Brüder, die Haare schneiden.

Vorbei an weiteren kleinen Restaurants, Shops, Minisupermärkten, Internetcafés, Friseuren und einem Geschäft für weibliche Schönheitspflege, gelangen wir schließlich am unteren Ende der Gasse bei „Abu Schukri" an. Dabei handelt es sich um ein wenige Quadratmeter großes Restaurant, in dem man eng Rücken an Rücken mit den Gästen am Nachbartisch sitzt. Aber: Beim Betreiber Ziad gibt es das beste Hummus der Stadt. Er steht ebenfalls in der Fortführung einer Familientradition. Sein Vater war Abu Shukri, der Gründer und Namensgeber des Restaurants. Wir lieben das schöne Lächeln echter Freude auf Ziads Gesicht, wenn wir halt bei ihm machen. Und wir lieben sein Essen: Schüsseln voller Hummus mit unterschiedlichen Beilagen, ein spezielles Bohnengericht, frisches und eingelegtes Gemüse, Pita-Brot und natürlich Falafel. Unser Freund achtet stets darauf, dass wir auch satt werden – oder mehr als das. Meist verlassen wir das „Abu Shukri" mit einem Beutel an Überbleibseln. Dann biegen wir links ab Richtung Damaskustor.

Mit diesen wenigen Worten kann ich „meine Gasse" natürlich nicht wirklich beschreiben. Viele Winkel, Hinterhöfe, Geschäfte, Bekannte und Freunde blieben ungenannt. Die Al-Khanqa ist schön, doch ihre Schönheit entfaltet sich nur demjenigen, der sie aus der Nähe betrachtet und sie auf sich wirken lässt.

*Rainer Harter*

# Tabgha am See Genezareth

Vor den Ereignissen des Jahres 1989 war es für die allermeisten Menschen in der DDR unvorstellbar, an das Heilige Land als Reiseziel auch nur zu denken. Solange uns eine Fahrt nach Hamburg, München oder von Ost- nach Westberlin verwehrt war, wie hätte man nach Israel gelangen sollen?

Und dennoch war und ist das Heilige Land einem Christen immer präsent. Jeden Sonntag hört man im Gottesdienst von dem, was sich in Nazareth, Jerusalem, Bethlehem, Jaffa, dem biblischen Joppe, oder am See Genezareth abgespielt hat. Der Mensch wird eben nicht nur von der Geschichte geprägt, die er durchlebt, sondern immer auch von den Geschichten, die er hört. Geschichten sind verwandelte Geschichte, und die Geschichte wird nicht wenig durch die Geschichten geprägt, die die Menschen im Herzen tragen.

Heinrich Heine erfand für diesen Schatz an Geschichten den schönen Begriff eines „portativen Vaterlands", das der Mensch gleichsam bei sich behalten kann. Dieser Gedanke besitzt nicht nur für die Juden Gültigkeit, sondern auch für uns Christen.

Meine Kenntnis vom Heiligen Land wuchs demzufolge auch aus den Wundergeschichten, von denen die Bibel voll ist. Wunder sind aber das, was der moderne Mensch so gar nicht mag. Kindisch erscheint es ihm, an Wunder zu glauben. Das ist und bleibt gewöhnlich so lange so, bis man Wunder erlebt. Nun lehrt uns die Bibel in vielfältigsten Facetten, dass nur derjenige Wunder erlebt, der für das Unmögliche offen ist.

Jedenfalls kann man es wohl nur als ein Wunder beschreiben, dass wir es erleben und selbst mitgestalten durften, wie sich unsere Welt am Ende des vergangenen Jahrhunderts radikal verwandelt hat. „Mit meinem Gott kann ich über Mauern springen", so hat König David es vor 3 000 Jahren gebetet, und so haben wir es vor über 30 Jahren miteinander erlebt. Mit dem Weg nach München und auf den Ku'damm öffnete sich auch derjenige ins Heilige Land.

Inzwischen sind meine Frau und ich schon oft in Israel gewesen. Immer wieder werden wir überwältigt von dieser modernen, jungen, selbstbewussten und multiethnischen Nation, die ihre Einheit in einer unglaublichen Vielfalt findet. Vielleicht wurde aber gerade darum Tabgha am See Genezareth unser Sehnsuchtsort und Lieblingsplatz.

Hier vereint sich in meinen Augen alles, was auch unserer Gegenwart Dauer, vielleicht sogar ein Ge-

▲ *Brotvermehrungskirche Tabgha*

▼ *Mosaik aus dem 5. Jh. vor dem Altar*

fühl für Ewigkeit zu vermitteln in der Lage ist. Feiert man dort die heilige Messe, dann wird unsere Erwartung auf das Wiederkommen des Herrn ganz realistisch. Mehr als an anderen Orten empfindet man die Gegenwart des Allmächtigen, des Schöpfers aller Dinge, der Anfang und Ende ist. Am zeitlosen Seeufer stehen Palmen und eine archaische Landschaft zieht sich weit in die umliegenden Berge.

▼ *Kirche der Seligpreisungen in Tabgha*

Einer von ihnen gilt als der „Berg der Seligpreisungen". Eine viel besuchte und eindrucksvolle Kirche schmückt ihn und erinnert daran, wie Christus seine Maßstäbe setzte, indem er die Armen, Leidenden, Sanftmütigen, Hungernden, Barmherzigen, Friedfertigen, Verfolgten und die reinen Herzens sind, selig nannte und ihnen das Himmelreich versprach.

In einem Kloster in Tabgha tun Benediktiner ihren Dienst, und die Brotvermehrungskirche erinnert an das Speisungswunder Jesu, das sich hier, den Berichten der Evangelien gemäß, ereignet hat. Die Wirkung dieser Landschaft in der Morgensonne ist kaum zu beschreiben. Das *Ex oriente lux* wird tatsächliches Ereignis.

Schon lange ist darum unser Reisen nach Israel kein Tourismus mehr. Vielmehr suchen und finden meine Frau und ich in Tabgha so etwas wie Vergewisserung. Das Heilige Land ist jedem Christen eine innere geistige und geistliche Heimat. Der Gott, den wir als Christen bekennen, ist ja derselbe Gott, an den das Volk der Juden glaubt. Dafür, was dies auch im Einzelnen bedeutet, ein sicheres Empfinden zu haben, ist für das Christsein fundamental. Aus dem Heiligen Land wurde das Volk der Juden in alle Welt zerstreut, und aus den Völkern aller Welt sammelt sich der Gott der Erlösung sein Volk. Aus der Geschichte erwächst Heilsgeschichte.

In Tabgha kann man insbesondere dem Gedanken nachgehen, wie das Wunder der Brotvermehrung und das Sakrament der Eucharistie zusammenhängen. Es entsteht eine Gemeinschaft dadurch, dass Menschen sich speisen lassen. In dieser Bedürftigkeit, die uns Menschen auszeichnet, heben sich auch konfessionelle Unterschiede auf. Es ist schön zu erleben, dass bestimmte soziale Dienste in Tabgha für alle geleistet werden. Aus Mitmenschlichkeit und der Sorge füreinander erwächst nach meiner Erfahrung immer eine verlässliche Gemeinschaft, die auch Not zu wenden vermag und die uns Menschen also notwendig ist. Überall wiederum, wo solche Gemeinschaft besteht, da entsteht auch etwas von dem, was wir gemeinhin Heimat nennen.

Meine Frau und ich haben in Tabgha so etwas wie einen anderen Teil unserer christlichen Heimat entdeckt und besuchen diesen Ort darum immer wieder sehr gern. Im Grunde erleben wir dabei ein Stück von dem, was der im Mansfelder Land geborene Friedrich von Hardenberg, der sich als romantischer Dichter den Namen Novalis gab, gemeint haben muss, wenn er in seinem Roman „Heinrich von Ofterdingen" auf die Frage „Wo gehen wir denn hin?" die Antwort gab: „Immer nach Hause!"

*Reiner Haseloff*

# Die Kuckucksuhr in Jaffa

Wir besuchten Jaffa, das historische Joppe, heute ein Stadtteil von Tel Aviv. An einem der Häuser hing eine etwas demolierte große Wanduhr, draußen an der Mauer. Amüsiert zeigten wir darauf und machten Fotos. Unser Tourguide, Gideon, nahm uns an die Seite.

„Darf ich euch eine Geschichte erzählen? Eine Geschichte mit einer anderen Uhr, einer Kuckucksuhr.“

Wir nicken gespannt. Gideon ist ein guter Erzähler. Er holt tief Luft, seine Stimme vibriert.

„Das Paket stand ungeöffnet auf dem Schrank. Tief nach hinten geschoben, hinter Schachteln und unter Tüchern versteckt. Dort fanden wir es wieder, als unsere Mutter starb. Wir hatten es vergessen. Nun, als wir es beim Aufräumen fanden, stand uns die Situation wieder vor Augen, als sei es gestern gewesen. Dabei lagen Jahrzehnte dazwischen.“

Schon vor ein paar Tagen hatten wir Gideon nach der Shoa, dem Holocaust, gefragt. Wie waren sie aufgewachsen, die Kinder aus Gideons Generation? Geboren bald nach dem Ende des Krieges. Groß geworden im Kibbuz, hatten sie den Staat Israel aufgebaut. Sie, die Kinder der Überlebenden. Er hatte nicht geantwortet. Bis jetzt.

„Das Paket kam eines Tages mit der Post. Wir saßen am Esstisch. Der Briefträger klingelte. Mutter nahm die große, schwere Schachtel entgegen. Sie quittierte den Empfang und brachte das Paket in die Wohnung. Wir Kinder waren aus dem Häuschen, nie zuvor hatten wir ein Paket bekommen. Doch Mutter las den Namen des Absenders, sie erbleichte und setzte sich schwer atmend auf ihren Stuhl. Für einen Moment herrschte bedrückte Stille. Dann hielten wir es nicht mehr aus: ‚Mutter‘, riefen wir begeistert, ‚Mutter, mach es auf, ja?‘ Sie schwieg, starrte vor sich hin, während unsere Ungeduld wuchs. Unsere Hände rissen am Papier. Plötzlich sprang Mutter von ihrem Stuhl auf und schrie uns an, wir sollten Ruhe geben. Sie nahm das Paket, wuchtete es mit aller Kraft in die Höhe und schob es auf den Schrank. ‚Lasst die Finger davon‘, fuhr sie uns mit einer drohenden Geste an, ‚niemand öffnet das Paket!‘“

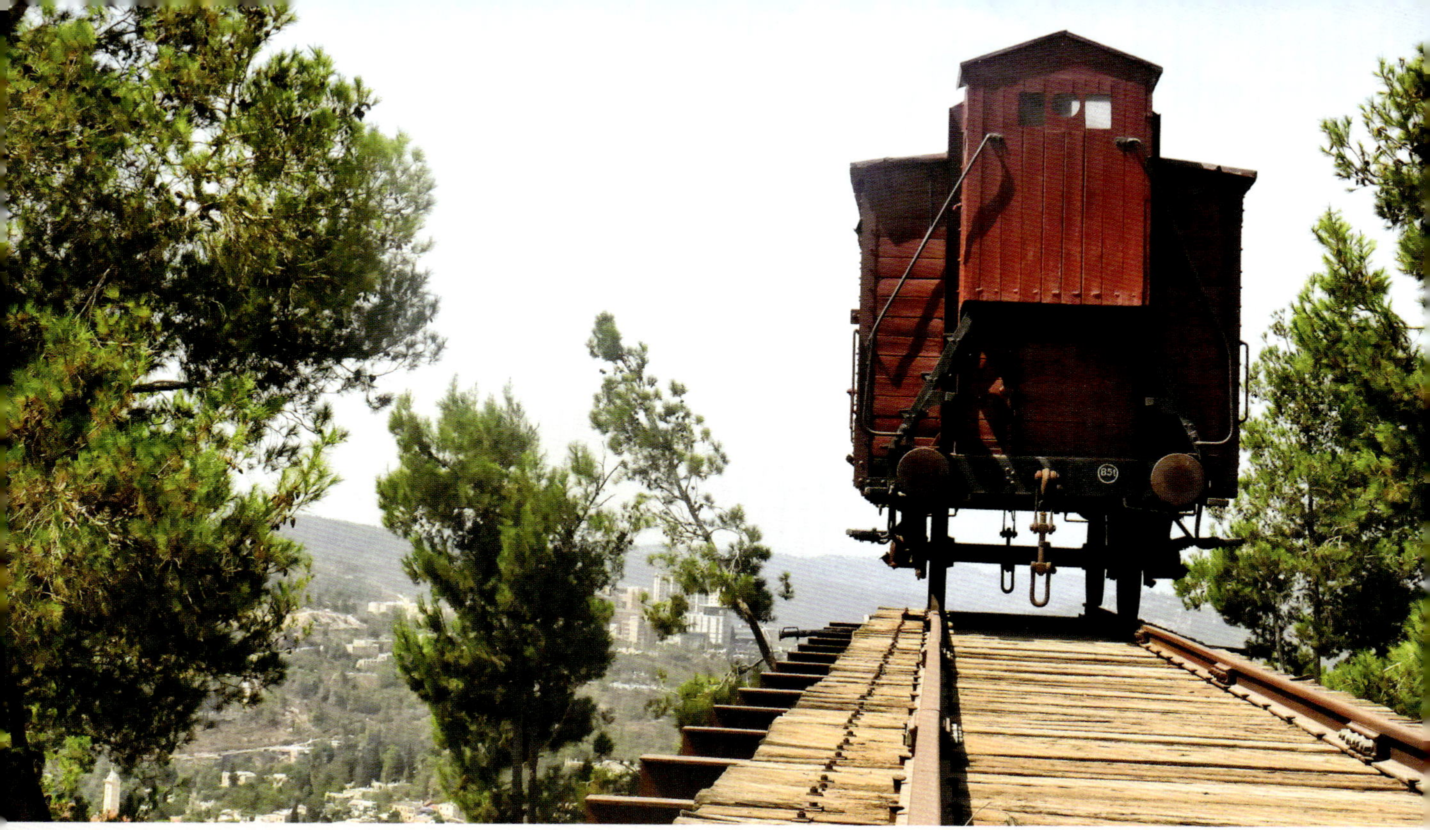

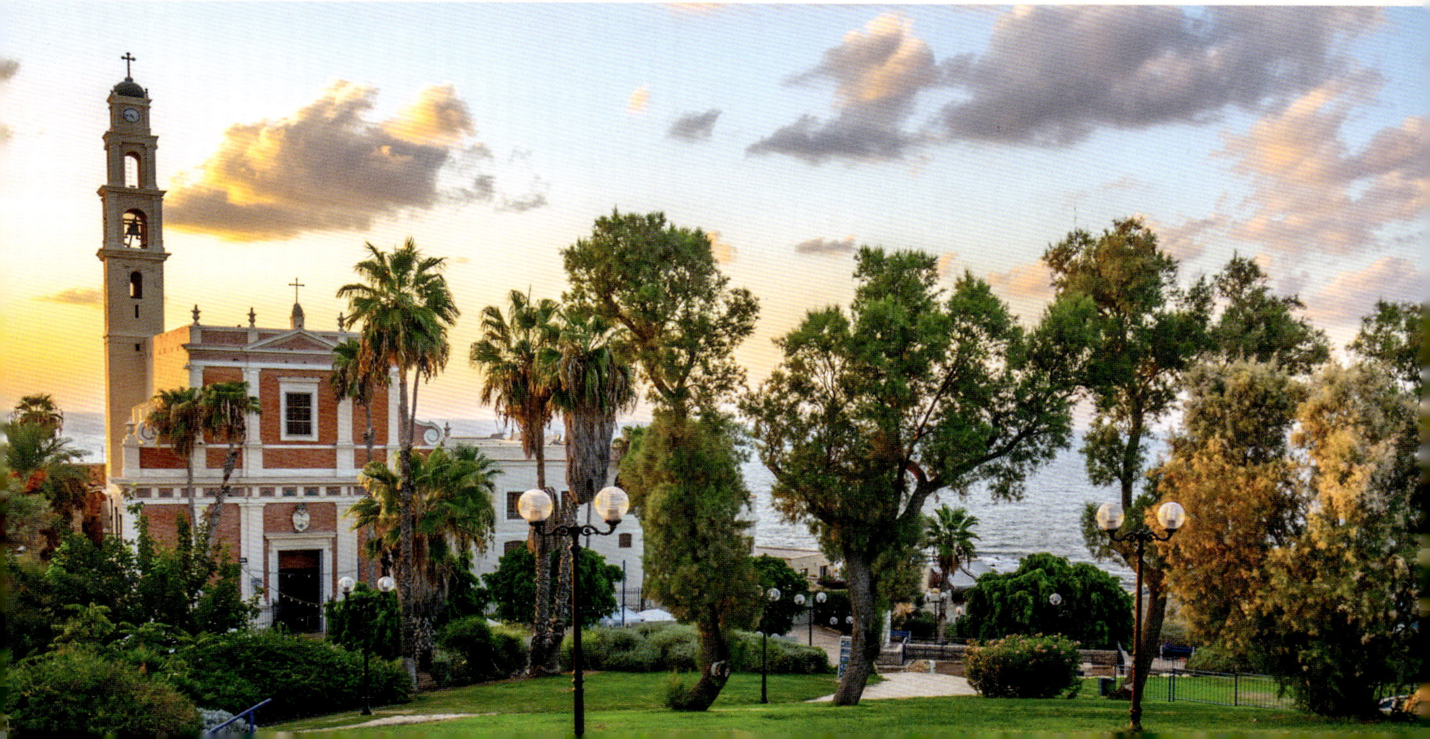

*Wie haben sie euch von damals erzählt, hatten wir gefragt, von der Zeit unter den Nazis. Vom Überleben in Holland, wo Gideons Eltern gelebt hatten. Vom Umgang mit der Trauer, mit den Bildern des Grauens.*

„Mutter war immer ruhig, eine stille, sanfte Frau. Nie wurde sie laut. Dass sie nun so aus der Haut fuhr, ließ uns verstummen. Keiner fragte mehr nach dem Paket. Verstohlen schielten wir zum Schrank, doch wir schwiegen. Auch Mutter schwieg. An diesem Tag, und am nächsten, und an jedem weiteren. Kein Wort fiel jemals zu diesem Thema. Irgendwann vergaßen wir die Schachtel auf dem Schrank. Bis zu diesem Tag nach dem Tod der Mutter."

*Gideon unterbricht sich, beginnt gedankenverloren eine Orange zu schälen. Gespannt sehen wir ihn an.*

„Als Erstes schauten wir auf den Absender. Es war eine Adresse in Holland. Wir erkannten sie: ein Nachbar der Familie meiner Mutter. Dann öffneten wir das Paket. Eine alte Kuckucksuhr kam zum Vorschein. Ein Schmuckstück. Anbei lag ein Brief. Der Nachbar schrieb, dass er die Uhr aus dem Haus der jüdischen Familie habe retten können. Er war als Kind oft bei ihnen zu Besuch gewesen, der kleine Kuckuck hatte ihn fasziniert. Nach dem Abtransport der Familie war er in die verwaiste Wohnung geschlichen, sie war noch voller Möbel, und

er hatte die Uhr mitgenommen. Sie hing in seinem Wohnzimmer. Nun, Jahre später, hatte er durch Zufall erfahren, dass nur noch Mutter am Leben sei, und ihre Adresse in Israel herausgefunden, um ihr die Uhr zu schicken."

*Gideon schiebt sich einen Schnitz Orange in den Mund. Der Saft läuft ihm über das unrasierte Kinn.*

„Sie hat gewusst, dass es ein Erinnerungsstück ist. Zumindest hat sie es geahnt. Darum hat sie das Paket nie geöffnet. Sie konnte es nicht. Was auch immer sie an zu Hause erinnern würde, es hätte sie zerrissen. Sie verbannte die Bilder und die Erinnerung aus ihrem Leben. Und ebenso wenig konnte sie sprechen. So viel wir sie auch fragten. Nicht über den Tod ihrer Eltern und Brüder. Nicht über ihre Flucht."

*Gideon verstummt, Stille umgibt uns für einen atemlos langen Moment. Wir schweigen. Fragen uns, ob wir so hätten fragen dürfen.*

„Heute steht die Kuckucksuhr in meiner Wohnung", durchbricht Gideons die Stille, und fährt fort als hätte er unsere stummen Fragen gehört. „Sie funktioniert sogar. Meine Enkel lieben den kleinen Kuckuck. Mich erinnert die Uhr vor allem an eines: Meine Eltern konnten nicht sprechen, wir Kinder dagegen dürfen nicht schweigen."

*Uwe Heimowski*

# Mein Ort, Israel

Meine Erfahrung mit Israel begann ein paar Jahre nach dem Fall der Mauer. Ich war schon 40, als ich anfing, mich für meine Verwandten, die in verschiedenen Kibbuzim im Norden Israels zu Hause sind, zu interessieren. Sie warteten auf mich in der Ankunftshalle des Flughafens unter dem großen Bild von Theodor Herzl, ich wollte mich auf den Boden werfen, um ihn zu küssen. Stattdessen gab ich meinen Verwandten verlegen die Hände. Ich entdeckte bei ihnen bald die Ähnlichkeiten zwischen dem von meinen Eltern abgelehnten Zionismus und ihren kommunistischen Idealen. So verbrachte ich die ersten Wochen unter der Wandbemalung optimistischer Bauern, die stolz unter wehenden Fahnen auf die Felder zur Planerfüllung zogen. Sie hingen im zentralen Essraum des Kibbuz, wo auch ich an einem der langen Tische mit meinen Verwandten saß, sie meist im blauen Arbeitsoverall

▼ *Das touristische Eilat am Roten Meer*

und ich in meinem Essen stochernd, während ich mich mit meiner alten Tante auf Deutsch unterhielt, ich hatte viel nachzuholen.

Vom sozialistischen Paradies fuhr ich in die Stadt Eilat, in der Wüste, ganz im Süden gelegen, eine Art israelischem Las Vegas, Hotel an Hotel, kapitalistische Spielhölle mit unablässiger Popmusik-Beschallung an der Küste des Roten Meeres. Ich legte am Strand meinen alten Tauchernachweis aus der DDR vor und konnte mir meinen Kindheitstraum endlich erfüllen, durch das warme, klare Wasser des Roten Meeres nach bunten Fischen zu tauchen. Durch erneute Reisen habe ich mehr in Israel gesehen, den tief gelegenen See Genezareth, das römische Caesarea, das quirlige Tel Aviv, eine Art hippen Prenzlauer Berg, aber mit Bademöglichkeit im Mittelmeer, die hässliche Industriestadt Haifa mit den fantastischen Gärten des Bahai. Ich habe mit meiner Familie in Jerusalem die großen Steine des Tempels berührt. Ich stand unter vielen Menschen auf der Straße, wo nach dem Ton der Sirene das Leben plötzlich für eine Minute erstarrte und alle der Toten gedachten wie ich meiner Großmutter, an Jom haSchoa. In diesem Moment war ich eins mit allen.

Im Städtchen Safed, auch so ein biblischer Ort wie so viele oberhalb des Sees, in den Bergen, ganz im Norden des Landes gelegen, traten wir, meine Frau, meine Kinder und ich, an der kleinen Einkaufsstraße bei einem alten Händler ein –, der Jiddisch mit meinen Kleinen sprach, also eine Art Deutsch –, der uns einen Becher für den Wein an Schabbat und

▲ *Säulen im römischen Caesarea*

ein Besteck für das abendliche Hawdala verkaufte mit der in sich geflochtenen Kerze und einem Behälter für Gewürze, meist Nelken, deren Geruch einen am Ende des Schabbats aufwecken soll. In Sefad gibt es uralte Synagogen, denn Juden sind seit biblischen Zeiten dort wohnen geblieben, wo sich neben dem Betraum eine Bibliothek mit dicken, staubigen Büchern befindet, wo die Männer zum Lernen und Beten ständig ein und aus gehen. Ein Stück weiter im Städtchen fand ich die Statue eines

▲ *Bahai-Gärten in Haifa*

wandernden Juden, ein Bild für Diaspora, ein Bild, wie ich mich selbst sehe. Der Mann im Mantel mit Koffer in der Hand, wenn ich unterwegs zu Auftritten bin, ergänzt noch durch die Gitarre auf meinem Rücken, der Koffer bei mir mit meinen Büchern und Musik, mit den Zeilen des Liedes „Tohuwabohu" gefüllt, was meine Beziehung zu meiner Identität beschreibt: „Steht es in der Bibel oder steht es doch im Manifest, hat es Freud beschrieben, ist es Hitlers letzter Rest?" Immer war es kompliziert für mich, meine Identität zu beschreiben. Lange wollte ich wie alle sein, anerkannt, geliebt, erst Rockstar in der DDR, dann auch Schriftsteller, Deutscher, Jude. Mit 17 wollte ich in die USA reisen, Musik studieren, Musik der Schwarzen, das Jüdische versteckte sich noch. Als es endlich die Mauer nicht mehr gab, reiste ich nach überall, aber die Sehnsucht nach der Ferne, auch nach einer anderen Identität, ja, endlich nach dem Jüdischen in mir, konnte ich so nicht stillen, nicht mal mit all den Reisen nach Israel. Erst die Erkenntnis, dass diese Reise in meinem Innern stattfindet, ließ mich reifen. Der wandernde Jude ist angekommen.

Ich könnte für mich nicht entscheiden, was mir in Israel am besten gefällt, aber ich weiß genau, was ich am wichtigsten finde: die Tatsache, dass es Israel gibt!

*André Herzberg*

▼ *Gasse in Safed*

# Besondere Treppen in der Altstadt von Jerusalem – Yehuda ha-Levi

Als junger Mann in Jerusalem hatte ich wichtige und brennende, moderne Fragen über den Wert meiner alten Religion und Tradition: Ist es möglich, dass die Texte des Judentums, die zu beachten mir von HaSchem befohlen wurde, buchstäblich wahr waren? Oder wurden sie einfach von Menschen geschrieben, die nur die Unterschrift von HaSchem gefälscht haben? Da ich tiefer in die Wahrheiten dieser Texte eindringen wollte, studierte ich sie in der Originalversion, als ich mich 1982 an der Yeshiva Aish HaTorah einschrieb, die in der Altstadt von Jerusalem untergebracht ist. Meine Studien finan-

zierte ich durch gelegentliche Auftritte mit dem *Jerusalem Symphony Orchestra*, und so hatte ich die Gelegenheit, tatsächlich in der Altstadt zu leben, insbesondere im Rova (dem jüdischen Viertel), dem kleinsten der vier Viertel des alten Jerusalems.

Jeden Morgen bei Sonnenaufgang konnte ich mich entscheiden, ob ich mit etwa hundert anderen jungen Menschen aus überwiegend englischsprachigen Ländern in der Yeshiva betete – oder die Yehuda ha-Levi-Treppe hinunterging in den Hof der Kotel, der Klagemauer, dem heiligsten Raum des Judentums seit 2000 Jahren.

Doch bevor ich diese etwa 200 Stufen hinabstieg, blieb ich oben stehen und schaute über das Tal – den einen Quadratkilometer großen Raum, den Judentum, Christentum und Islam alle heilig nennen würden – den Tempelberg. Mein Blick wanderte hinüber zur Himmelfahrtskirche, zum jüdischen Friedhof am Ölberg, dem größten jüdischen Fried-hof der Welt, und zur Al-Aqsa-Moschee. Von diesem ruhigen Punkt aus, oben auf dieser mystischen Treppe, konnte ich beobachten, wie die goldenen Strahlen der Sonne aufsteigen, der Nebel sich sanft hebt, sich die Bougainvillea wie Farbspritzer auf dem glänzendem Kalkstein spiegelt, der Duft von mediterranem Jasmin in meiner Nase aufsteigt entlang der starken Gerüche von türkischem Kaffee. So eingestimmt, wusste ich, dass ich vor Ha-Schems Haus stand. „… sie werden mir eine heilige Stätte bauen, und ich werde unter ihnen wohnen" (Ex 25,8).

An diesem magischen Morgen hörte ich von der Spitze dieser Treppe, die nach Yehuda HaLevi, einem mittelalterlichen jüdischen Dichter aus Spanien, benannt wurde, die Kirchenglocken leise hinter mir läuten, das Echo des Muezzins von den Steinen vor mir, das Gedränge der Touristen gleichzeitig die Treppe hinauf- und hinabsteigend, wie es die Engel auf der Jakobsleiter in der Genesis taten.

Und dann, nachdem ich den Gipfel meiner Konzentration erreicht und meine Meditationen abgeschlossen hatte, legte ich, vollkommen bereit, meinem Schöpfer zu dienen, meinen Tallit – meinen Gebetsschal – an, und mit den Fäden, die im Wind hinter mir flogen, stieg ich schnell die Treppe hinab – meine Treppe zum Himmel.

*Alex Jacobowitz*

# Tel Dan – wenn tote Steine zu sprechen beginnen

Mit wunderbarem Blick auf den schneebedeckten, alles überragenden Berg Hermon fahren wir durch eine überaus reizvolle und fruchtbare Landschaft die Bundesstraße 99 Richtung Osten. Während die meisten Touristenbusse rechts nach Banjas abbiegen, nimmt unser Bus mit einer netten Gruppe von Reisenden auf den Spuren der Bibel den Abzweig nach links und gelangt in das Naturreservat Tel Dan.

Dort liegt auch der Siedlungshügel der antiken Stadt Dan. Und da finde ich zu meiner Überraschung den Ort, der zu meinem Lieblingsort im Heiligen Land wurde.

Das alte Dan, das in der Richterzeit noch Lajisch genannt wurde, liegt in Grenznähe sowohl zum Libanon als auch zu Syrien. Es war und ist bis heute quasi der nördlichste Punkt des Heiligen Landes, weshalb im Alten Testament das Land Israel auch mit der schönen Redewendung „von Dan bis Beerscheba" bezeichnet werden konnte. Der Besucher spaziert zunächst an einem schnell fließenden Bach mit „frischem Wasser" entlang und genießt die paradiesische Vegetation. Hier fließt der Dan, neben dem Hisbani und dem Banjas einer der drei Quellflüsse des Jordan. Unweigerlich denke ich an Psalm 23: „Er führt mich zum frischen Wasser." Und an Psalm 1, der über den Gottesfürchtigen sagt: „Der ist wie ein Baum, gepflanzt an Wasserbächen." Nach kurzer Wegstrecke begrüßen uns die mächtigen und imposanten Mauern der antiken Stadt, die wir entlanglaufen, bis wir zum alten Tor gelangen. Ich werde förmlich in die Zeit des Alten Testaments zurückkatapultiert. Das liebe ich an diesem Ort, dass man plötzlich eintaucht in die biblischen Epochen von den Erzeltern bis in die Zeit der Könige.

Von den Ruinen der eisenzeitlichen Toranlagen ist noch so viel erhalten, dass man einen lebendigen Eindruck von seiner ursprünglichen Größe und Pracht bekommt. Man betritt die Stadt durch das äußere Tor und gelangt auf den Torplatz. Vor meinem inneren Auge entsteht das Bild eines Markttreibens, des Kommens und Gehens der Menschen, die sich über Neuigkeiten in und außerhalb der Stadt austauschen. Und ich sehe förmlich Jerobeam, den ersten König des Nordreichs, am Rande des Torplatzes auf einem erhöhten Podest sitzen und Gericht sprechen. Was ich hier erlebe, ist wie

▲ Ältestes Stadttor der Welt

*In Tel Dan gefundene Inschrift zum Haus David* ▶

▲ *Israelitische Mauern in Tel Dan*

eine innere Zeitreise, und die Welt der alttestamentlichen Erzählungen rückt mir plötzlich ganz nahe und wird lebendig und farbig.

Irgendwo hier, denke ich, müssen auch die Fragmente der Tel-Dan-Stele gefunden worden sein, die heute im Israelmuseum ausgestellt ist. 1993 war bei Ausgrabungen das beschriebene Fragment eines schwarzen Basaltblocks zum Vorschein gekommen, auf einer Seite beschrieben. Im Folgejahr fand man zwei weitere Teile, die mit dem ersten Fund zusammengefügt werden konnten, wobei sich dabei in Zeile 9 die hebräische Buchstabenfolge bytdwd ergab – „Haus Davids". Das war für die sog. Minimalisten, die mangels archäologischer Beweise die Existenz des großen Königs David bestritten hatten, ein herber Schlag. Immerhin ist nun belegt, dass für die Wende vom 9. zum 8. Jahrhundert v.

Chr. die David-Dynastie als bekannte Größe im syro-palästinischen Raum vorauszusetzen ist. Ich freue mich über diesen archäologischen Fund, der die biblische Überlieferung stützt, und stelle mir vor, wie Gott selbst augenzwinkernd die Ausgräber auf den Fund gestoßen hat.

Auf dem Weg durch die Trümmer und Ruinen der Stadt erinnert alles daran, wie vergänglich und bruchstückhaft der Mensch und sein Werk ist. Wir gelangen schließlich auf einen offenen Platz. Hier befand sich die alte Kultstätte, die von den Büchern der Könige des Alten Testaments als „Sünde Jerobeams" bezeichnet wird. Es ist ein trauriger Ort, denn hier wurde ein „Goldenes Kalb" verehrt, ein Stierbild, das als bewusste Abkehr von Jahwe, dem lebendigen Gott und Helfer Israels, aufgestellt worden war. Jerobeam war der erste König des Nordreiches Israel, als sich nach dem Tod des großen Königs Salomo das Heilige Land in zwei Reiche zerteilte. Jerobeam hatte Angst, dass bei seinen Nordreich-Untertanen Sehnsucht nach einer Wiedervereinigung des Reiches aufkommen könnte, wenn sie die großen Feste für Jahwe am Tempel in Jerusalem besuchen würden. Deshalb stellte er im Süden seines neuen Reiches, in Betel, und im Norden, hier in Dan, jeweils ein Stierbild auf. Das sollte verehrt werden als „der Gott, der dich aus Israel herausgeführt hat". Welche Vermessenheit – ein toter Götze anstelle des lebendigen Gottes! Und keiner von Jerobeams Nachfolgern auf dem Thron hat diesen Gegenkult abgeschafft. Erst der Assyrer-

könig Tiglat-Pilesar setzte dem Kult bei der Erobe-
rung des Landes im ausgehenden 8. Jahrhundert
ein Ende. Wo der Opferaltar für diesen Abgott Jerobeams stand, ist genau lokalisierbar. Sein Sockel
ist noch vorhanden. Die Plattform, auf der vermut-
lich das Stierbild stand, ist sehr gut erhalten. Ein
Schauder läuft mir über den Rücken. Was für ein
Bild auch für unsere Gesellschaft, die in weiten
Teilen den Bezug zum lebendigen Gott verloren
und sich Ersatz-Heiligtümer erbaut hat. Am Rand
des Platzes sind noch die Häuser des Kultpersonals
zu erkennen. Ob sie die Stierverehrung bei den Bewohnern Dans mit Gewalt eingefordert haben? Ob
es hier in der Stadt wohl Menschen gab, die den
wahren Gott Israels nicht vergessen hatten und ihn
allein verehrten? Ja, denke ich, die gab es, und die
gibt es überall auch heute noch.

Unsere Gruppe läuft zurück zum Bus. Ich bin sehr
froh, hier gewesen zu sein, ich bin erfüllt, nachdenklich und aufgewühlt zugleich. Diese alten
Steine, dieser besondere Ort, sie haben eine innere Saite in mir zum Schwingen gebracht. Ich bin
überrascht davon, mit welcher Wucht hier die Welt
des Alten Testaments lebendig wird. Ich lasse die
wunderbare Geschichte Gottes mit Israel Revue
passieren: das Israel, das von Beerscheba bis hier
nach Dan reichte, gerettet aus Ägypten, versorgt
mit einer neuen (alten) Heimat, umsorgt von Got-

tes Güte. Ich spüre große Betroffenheit über die Abkehr vom lebendigen Gott, die hier an diesem Ort betrieben worden ist. Und ich beschließe, mich selbst neu bei diesem lebendigen Gott und seinem Messias Jesus zu verankern und den Stierbildern unserer Zeit eine Absage zu erteilen.

*Andreas Käser*

▼ *Altar vor der Stadtmauer Dan*

# Herzliya – Stadt für die Seele

Ich schreibe diesen Text als Deutsche: Das muss vorangestellt werden, denn auch heute gibt es noch Menschen, die die Wörter „jüdisch" und „israelisch" synonym gebrauchen und die implizit oder explizit annehmen, alle Juden dieser Welt seien eigentlich in Israel zu Hause.

Israel ist heute zwar das Heimatland eines erheblichen Teils der internationalen jüdischen Gemeinschaft, aber eben nicht jedes einzelnen jüdischen Menschen. Was Israel, was Eretz Israel, dagegen unzweifelhaft ist, ist die spirituelle Heimstatt des ganzen jüdischen Volkes. Das begründet für jeden jüdischen Menschen eine besondere, einzigartige Verbindung, auch für mich.

Von dem Moment im Mai 1948, da wir in München zu Hunderten auf der Straße tanzten, als im Radio die Meldung von der Unabhängigkeitserklärung verbreitet wurde, bis zum heutigen Tag, ist für mich Israel ein unvergleichlicher Flecken Erde. In diesem besonderen Land, das ich über die Jahrzehnte viele Male besuchen konnte, einen einzigen Ort auszuwählen, der noch mehr zu mir spricht

als alle anderen, ist schwer. Müsste ich mich dennoch entscheiden, würde meine Wahl aber auf den Strand von Herzliya fallen.

Sicher: Gegen die Jerusalemer Altstadt oder das Tote Meer kommt die Küste nicht ganz an, auch im Vergleich mit den viel bekannteren (und belebteren) Badestränden in Tel Aviv nimmt sich Herzliya eher bescheiden aus. Die Stadt hat den Charakter eines gediegenen, ruhigen Vorortes ohne den historischen und religiösen Glanz vieler anderer israelischer Städte.

Dennoch ist Herzliya für mich ein ganz besonderer Ort, denn eine meiner Töchter lebt dort. Viele Jahre ist es schon her, dass ich ihr nach einem anstrengenden Examen mit sanfter mütterlicher Strenge Urlaub verordnete, und als sie einige Wochen später aus Israel zurückkehrte, war sie verlobt. Seither sind die Bande ins Land noch enger geworden, ein Teil meiner Familie, meiner Enkel und Urenkel, sind heute Israelis.

All das wird für mich manifest, wenn ich in Herzliya zu Besuch bin. Mit drei oder gar vier Generationen gemeinsam am Meer entlangzuflanieren, den Sonnenuntergang auf der einen Seite und die in seinem warmen Licht erstrahlenden Häuser der Stadt auf der anderen: Dieses Gefühl gibt es nur hier und sonst niemals und nirgendwo. Diese Wirkung als inspirierend zu beschreiben, greift deshalb beinahe zu kurz. Was in Herzliya auf mich wirkt, sind der beseelte Stolz, den jede Mutter und Großmutter kennt, aber auch das Bewusstsein um viele Jahrtausende jüdischer Tradition, die von uns allen weitergetragen werden; nicht nur, aber ganz besonders im jüdischen Staat.

Jeder meiner Besuche dort ist eine einschneidende Erfahrung im besten Sinne des Wortes. Wenn ich anschließend nach Deutschland zurückkehre, komme ich zwar immer noch nach Hause – aber die Momente in Herzliya begleiten mich auch daheim in München jeden Tag. Ich könnte und wollte sie nicht missen.

*Charlotte Knobloch*

# Mehr als nur ein paar alte Steine
## Meine Erfahrungen mit der „Klagemauer"

Als evangelischer Christ pietistischer Prägung tut man sich eher schwer mit Begriffen wie Kraftorte, heilige Orte oder Gotteshaus. Was ist ein Gotteshaus, was ist ein Tempel mehr als ein Haufen Steine? Gott ist schließlich überall gegenwärtig, ich kann ihm jederzeit begegnen und mit ihm reden. Bilder von den „heiligen Stätten der Christenheit" oder der „Klagemauer" in Jerusalem riefen in mir eher Befremdung hervor.

Und dann stehe ich 2011 erstmals selbst vor der ha-kotel ha-ma'arawi, wörtlich „die westliche Mauer" des herodianischen Tempels, kurz Kotel (Mauer) genannt. Ich sehe all die ultraorthodoxen, orthodoxen, nationalreligiösen, einfach nur religiösen und sonstigen Juden in Kaftane gehüllt oder in normale Tageskleidung, in Uniform mit Schnellfeuergewehr über der Schulter, vereint im Gebet vor den uralten Steinen. Und ich begreife, das ist keine

◀ *Blick auf Klagemauer und Tempelberg*

„Klagemauer", wie sie so oft genannt wird, das ist eine Stätte inbrünstigen Gebetes. Langsam nähere auch ich mich der Wand, hebe meine Hände, berühre die uralten Steine, lege meine Stirn an sie, spüre ihre relative Kühle. Und ich spüre, dass hier ein Ort von Gottes Gegenwart ist. Ich weiß mich plötzlich hineingenommen und verbunden mit der Jahrtausende währenden Geschichte Gottes mit seinem Volk und aller Welt, weiß mich verbunden mit dem Gott Abrahams, Isaaks und Jakobs, dem Gott Davids und Salomos, dem Gott, den der Jude Jesus von Nazareth als seinen und unser aller Vater bezeichnet. Familiär gerade in einer großen Belastung, mache ich es wie König David und bete: „Höre die Stimme meines Flehens, wenn ich meine Hände aufhebe zu deinem heiligen Tempel" (Ps 28,2).

Merkwürdig, keine der sogenannten „heiligen Stätten" hatte damals, wie auch bei weiteren Besuchen, je diese Wirkung auf mich, weder Bethlehem noch Kafarnaum, weder der Berg der Seligpreisungen noch die vermeintliche(n) Taufstelle(n) Jesu. Sie rufen in mir nicht mehr als touristisches Interesse hervor.

Bis heute aber ist für mich ein Israelbesuch ohne Jerusalem – und ohne eine Zeit des Gebetes an der Kotel – undenkbar. Ich verstehe gut, dass Jesus angesichts der bevorstehenden Zerstörung der Stadt

▲ *Betende Juden an der Klagemauer (oben)*
*Rezitieren aus der Torah-Rolle (unten)* ▲

und des Tempels durch die Römer geweint hat. Warum er die Händler und Geldwechsler aus dem Tempel jagte, der doch ein Ort des Gebetes sein sollte. Nicht nur der Klage, sondern auch des Dankgebetes, zu dem ich nur Amen sagen kann: „Gelobt sei der Herr, denn er hat erhört die Stimme meines Flehens. Der Herr ist meine Stärke und mein Schild; auf ihn hofft mein Herz, und mir ist geholfen" (Ps 28,6–7).

*Harald Krille*

67

# Mein Garten Eden

Mein Lieblingsort in Israel ist mein Garten. Ich habe ihn selbst angelegt auf einem Stück Wüstensand in der Nähe von Beerscheba in der Wüste Negev. Als wir vor anderthalb Jahrzehnten Haus und Grundstück kauften, war der Garten verbrannt, der Platz verödet. Wie es geschieht, wenn man ein Stück Wüste sich selbst überlässt. Dabei sind hier alle Möglichkeiten für üppiges Wachstum gegeben, der Sandboden erweist sich als überraschend fruchtbar und mineralhaltig, der Himmel als grandiose Lichtquelle, doch der Mensch ist vonnöten, um zu pflanzen, zu wässern und zu wachen.

Wir haben mit fast nichts begonnen. Eine große Palme vor dem Haus hatte die drei Jahre, in denen das Haus leer stand, überlebt, ein Granatapfelbaum, eine wilde Akazie. Einige tote Pflanzen fanden sich, ein paar wilde Büsche. Ich hatte einige Erfahrung im Anlegen von Wüstengärten, vor allem viel Hoffnung. Denn der erste Garten des Menschen, der

Garten Eden, hatte seinen Ort in der Wüste. „Und ein Strom kam aus Eden, den Garten zu tränken." Wasser ist die entscheidende dritte Größe neben der im Überfluss vorhandenen Sonnenenergie und dem immer noch fruchtbaren Boden. Bei uns floss kein Gewässer, doch wir sind ans israelische Bewässerungssystem Mekorot angeschlossen, und es gibt Bewässerungssysteme zu kaufen, Schläuche aus Hartplastik, Verbindungsstücke und Anschlüsse. Und die kleinen Ventile, die man dort, wo man etwas gepflanzt hat, in den Schlauch setzt und die den Boden tröpfchenweise mit Wasser tränken, sodass über einen bestimmten Zeitraum, solange man Wasser ins System laufen lässt, eine sanfte, stetige Befeuchtung der Erde entsteht, nicht zu viel Wasser, dass es in Rinnsalen abfließt oder sinnlos verdunstet, auch nicht zu wenig, sondern genau so viel, dass die Pflanzen langsam emporwachsen. Auch der Garten, den Gott hatte wachsen lassen, brauchte den Menschen. „Und Gott, der Ewige, nahm den Menschen und setzte ihn in den Garten Eden, dass er ihn bearbeite und bewache." Deshalb ist es ein großes, einzigartiges Glück, in der Wüste einen Garten anzulegen, weil man dadurch der ursprünglichen Bestimmung des Menschen in dieser Welt am nächsten kommt. Ein Garten in der Wüste ist die Ur-Arbeit, die uns auferlegt ist. Sie gibt mir das Gefühl, daran beteiligt zu sein, dass aus dem Nichts etwas entsteht. In diesem Garten bin ich Gottes Partner.

Im Laufe der Jahre habe ich manches angepflanzt, oft in kleinen Töpfen aus dem Kern gezogen und irgendwann in die Wüstenerde gesetzt: Zitronenbäume, die heute Dutzende Früchte tragen, Feigen, Granatäpfel, Dattelpalmen, Mispel-Bäume, sogar ein inzwischen drei Meter hoher Mangobaum ist darunter.

Inzwischen versorgt mich der Garten mit bewegten Bildern – verschiedene Töne von Grün leuchten auf oder verschatten sich, Blätter und Palmwedel bewegen sich im Wüstenwind, Vögel fliegen hindurch, plötzlich zeigt sich irgendwo, ehe es seine Farbe anpasst und wieder unsichtbar wird, ein Chamäleon. Doch nichts kann mir das Gefühl ersetzen, das ich beim Wachsen von Pflanzen empfinde. Es geschieht lautlos, im Augenblick unsichtbar, doch über längere Zeiträume ist die Veränderung manchmal erschütternd. Es handelt sich eindeutig um einen göttlichen Vorgang.

Und ich, der Mensch, darf mich daran beteiligen.

Es ist manchmal schwere und schmutzige Arbeit. Abgesehen davon, dass sie mich, einen Schreibtischarbeiter, gesund erhält, ist es in diesem Klima immer etwas wie Lebensrettung. Denn die meisten Pflanzen würden rasch eingehen, wenn ich aufhörte, sie zu wässern. Dieses Wissen gibt mir ein geheimes Gefühl von Bedeutung. Darüber spreche ich lieber zu niemandem.

*Chaim Noll*

# Der Ölberg –
# Ort der Hoffnung

Was mich am Ölberg fasziniert, ist seine Symbolkraft. Von ihm aus hat man einen der besten Ausblicke auf Jerusalem. Von hier ist Jesus in das himmlische Jerusalem aufgefahren, um für uns Wohnungen vorzubereiten (Joh 14,2). Und die Engel versprachen an der gleichen Stelle, dass Jesus wieder auf diese Erde zurückkommen wird.

Das war auch der Grund, weshalb meine Frau Annemarie und ich unsere Wanderung von Basel (Schweiz) nach Jerusalem (Israel) an diesem Ort abschlossen. Wir haben auf unserer Reise viele Wunder Gottes erlebt. Auf unserer Lebensreise müssen wir aber auch mit vielen offenen Fragen leben. Der Dreh- und Angelpunkt im Leben eines Christen ist immer der Ort, wo sich die irdische und die himmlische Realität begegnen. Dafür steht für mich der Ölberg.

Zum Abschluss unserer 11-monatigen Reise standen wir am 8. Juli 2011 genau an diesem Ort. Wir waren überwältigt und fanden keine Worte. Unser Herz jubelte voller Dank. Nach einem Kuss, einer Umarmung und einer wortlosen Zeit fanden wir die Sprache wieder: „Danke, Herr, dass du uns durch Sonne und Regen bis hierher geführt und begleitet hast. Du hast uns reich beschenkt! Danke

*Blick zum Ölberg* ▶

▲ *Ein Treffen am Ölberg, im Hintergrund der Blick auf Jerusalem*

◀ *Jüdischer Friedhof am Ölberg*

für alle Bewahrung und danke für die vielen Menschen, die uns geholfen haben."

Als wir im Hotel „Seven Arches" etwas tranken, klingelte das Telefon. Es war Kathrin, die wir von der Kirche her kannten. Gott hatte ihr einen Vers aus der Bibel aufs Herz gelegt, der Annemarie speziell berührte: „Seid stille und erkennt, dass ich Gott bin." Wieder ein Psalmwort, das wunderbar passte, so wie zu Beginn unserer Reise, als wir den Psalm 16 gelesen hatten. Diesmal war es der elfte Vers aus Psalm 46. Wir waren überwältigt und dankbar für diesen Moment, den wir in Ruhe genießen konnten.

Wenig später trafen wir Karin, eine Bekannte aus Israel, auf dem Ölberg. Sie hatte ein Bild mit der Aufschrift: „Gott ist treu  – halleluja" mitgebracht. Karin hatte dieses Bild nach einer Skizze von Annemarie angefertigt. Es beschreibt unsere Erfahrung auf dem Weg mit Gott.

Der Ölberg ist eine Erhebung östlich von Jerusalem. In den meisten anderen Sprachen nennt man ihn den „Olivenberg". Die Hügelkette, zu der er gehört, erreicht eine Höhe von 827 Metern ü. M. Der eigentliche Ölberg mit der Himmelfahrtskuppel ist 809 Meter hoch. Auf dem Ölberg befinden sich unzählige jüdische Gräber. Am Hang selbst und auf der Anhöhe stehen Kirchen verschiedener Glaubensgemeinschaften. Im Neuen Testament

wird der Ölberg mehrfach in Verbindung mit Jesus Christus erwähnt. So nahm sein Einzug in Jerusalem am Ölberg seinen Anfang (Lk 19,28–40).

An der Stelle, wo heute die Kapelle „Dominus Flevit" steht, weinte er über den kommenden Untergang Jerusalems (Lk 19,41–45). Im Garten Gethsemane, am Fuße des Berges, wurde er verhaftet (Mt 26). Zuletzt fuhr Jesus vom Ölberg in den Himmel auf (Lk 24,50) und wird am selben Ort wieder auf die Erde zurückkehren (Apg 1,11).

Im Buch Ezechiel wird beschrieben, wie die Gegenwart Gottes (Schechina) sich aus der Stadt erhob und sich auf dem Ölberg im Osten der Stadt niederließ (Ez 11,23). Von dort wird sie nach Ezechiel 43,4 in das Haus Gottes wieder zurückkommen.

Heute kann man als Individualreisender nicht nur die bekannte Aussichtsterrasse am Südende besuchen, sondern auch hinter dem „Seven Arches" einen Blick in den Jordangraben werfen. Die leeren Prophetengräber auf dem Ölberg erinnern daran, was wir im Matthäusevangelium (27,52–53) lesen können, dass sich bei Jesu Kreuzigung die Gräber auftaten und nach Jesu Auferstehung einige der einst entschlafenen Heiligen in Jerusalem erschienen.

Eines habe ich bei meinen vielen Gruppenreisen, die ich in Israel geleitet habe, gelernt: Es ist nicht wichtig, wo genau etwas geschehen ist, aber es ist wichtig, dass wir uns an bestimmten Orten daran erinnern, dass es geschehen ist.

Die Realität des Glaubens wird erlebbar, indem wir uns auf den Weg mit Jesus begeben. Die Erwartung der Jünger, dass Jesus jetzt sein Königreich aufrichten werde, war groß. Doch Jesus wollte dafür keine Zeit festlegen und versprach ihnen die göttliche Kraft durch den Heiligen Geist, der sie in die ganze Welt führen wird (Apg 1,6–8). Indem Jesus vor ihren Augen auf dem Ölberg Richtung Himmel auffuhr und durch eine Wolke ihren Augen entschwand, schlug er ein neues Kapitel auf.

Jesus hat seine Jünger gelehrt, dass es eine reale transzendente Welt gibt, in die er nun eingetreten ist. Gottes Gegenwart wird durch den Heiligen Geist neu erfahren. Wer sein Leben Jesus anvertraut, lebt in der Erwartung, in diese andere Welt aufgenommen zu werden, und empfängt als Anzahlung den Heiligen Geist, der ihn leitet. Die Nachfolger von Jesus freuen sich auf seine Wiederkunft, bei der er sein Reich in Herrlichkeit aufrichten wird.

Ich finde es spannend, dass viele Reporter bei Berichten über Jerusalem oder Israel ein Hintergrundbild auswählen, das vom Ölberg her aufgenommen wurde. Um die Geschichte Israels zu verstehen, muss man seinen Blick nicht nur auf die Mauern von Jerusalem richten, sondern auch nach oben. Ein Geheimnis des Lebens ist es, mit der göttlichen Dimension zu leben.

*Hanspeter Obrist*

◀ *Beeindruckend: die alten Olivenbäume im Garten Gethsemane*

# Gedanken in der Christ Church

Nun muss ich aber wirklich sehen, dass ich den Anschluss nicht verpasse. Bin ich die Letzte? Meine Gruppe steht schon vor dem Eingang zum Innenhof der anglikanischen Christ Church. Die Sonne brütet, wie im schönen Monat Mai erwartet. Ein Genuss nach einem viel zu kühlen mitteleuropäischen April! Eben haben wir die Altstadt durch das Jaffa-Tor betreten und sind über den wunderbaren Platz davor geschlendert. Unsere Blicke werden angezogen von der mächtigen Davidszitadelle.

Jerusalem! Nächstes Jahr wieder in Jerusalem! Das hatte ich mir doch 2019 vorgenommen – als ich allein und auf eigene Faust zum ersten Mal hier unterwegs war! Ganz so pünktlich hat es nicht geklappt ... Aber jetzt, fast drei Jahre später, stehe ich genau wieder da, in Jeruschalajim, wie der Name im Hebräischen klingt. Im Moment meine Lieblingsstadt! Eine Stadt voller Geschichte, voller Geschichten. Voller unterschiedlichster Lebensentwürfe und Glaubensvorstellungen. Voller Sprachen und Töne, voller Farben und Düfte.

Also auf zum Empfang in der Christ Church! Und wir werden tatsächlich empfangen von einem wunderschönen, üppig blühenden Garten, Kaffeeduft, der aus dem offenen Café nach draußen dringt, und von einem freundlichen Mitarbeiter dieser Gemeinde. Dass er nur Englisch spricht, war uns schon vorher klar. Wir stellen uns darauf ein, kramen in den verschütteten Ecken unserer Hirnwindungen nach Vokabeln und finden sie meist! Das Aufpassen im Englischunterricht hat sich gelohnt! Tom erzählt von den Anfängen dieses Gotteshauses, das vor rund 200 Jahren erst einmal nur als Privatkapelle des britischen Konsuls gedacht war. Erzählt ebenso von einigen mutigen Glaubenspionieren, die aus England hierher gesandt wurden. Nein, nicht als Besatzer waren sie gekommen. Auch nicht in Kampfeslaune, wie lange vor ihnen die Kreuzritter. Aber durchaus mit einem Plan: Menschen auf den einen, ganz besonderen Sohn dieses Volkes hinzuweisen, der gleichzeitig auch Sohn des Höchsten genannt wird und sich in Hunderten Fällen als genau der erwies: Retter, Heiler, Prophet. Nicht für eine neue Religion wollten sie die Menschen gewinnen, sondern für eine neue Sichtweise auf Gottes Wort, eine neue Freiheit im Glauben, für die Botschaft der kostenlosen Vergebung und vollkommenen Liebe. Und jetzt kommt der Clou. Toms Augen strahlen, während er davon spricht: Zwei der Gründer waren tatsächlich Juden! Tief verwurzelt im Tanach, dem Alten Testament, und berührt von Jesu Botschaft waren sie, J. Frey und S. Alexander, zum Glauben gekommen an ihn, als den MASCHIACH, genau wie die ersten Jünger.

S. Alexander wurde 1849 zum ersten anglikanischen Bischof von Jerusalem geweiht! Was für eine unglaubliche Story!

Angenehme Kühle empfängt uns, nachdem wir über die seitlich hinaufführenden Steinstufen eingetreten sind. Gleich beginnt der Sonntagsgottesdienst. Scheinbar sind wir die einzigen Deutschen hier. Oder? Vorne noch ein Grüppchen Asiaten, das sonstige Gemurmel klingt eher angelsächsisch. Die Dame vor mir – hatte sie nicht gerade mit ihrem Sitznachbarn Arabisch gesprochen? Wer hier im mittleren Orient unterwegs ist, darf ruhig mehrerer Sprachen mächtig sein! Nun fokussieren wir alle den Liedtext vorne auf der großen Leinwand. Nach einer kurzen Begrüßung überspülen uns vom Flügel im Chorraum her bekannte Harmonien. Wir stimmen ein. Und ich kann nicht anders, als übers ganze Gesicht zu strahlen. Ein Hoch auf die globale Verständigung der Christenheit! Gott sei Dank nicht mehr in den alten, doch sehr exklusiven Weltsprachen Griechisch oder Latein! Ein Gefühl

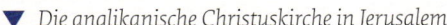

▼ *Die anglikanische Christuskirche in Jerusalem*

◀ *Hebräische Inschrift mit den Zehn Geboten*

▼ *Olivenbaumfenster (unten)*

des Beheimatetseins zieht durch mein Gemüt. Fast so stark wie gestern bei den Orgelklängen des mittäglichen Konzerts in der deutschen evangelischen Erlöserkirche. Ja, Sonntagmorgen ist die Welt noch in Ordnung!

In der Predigt geht es um den guten Hirten, der seine Schafe auf die besten Weiden führt. Und seit der gestrigen Fahrt durch die Wüste hat sich meine Vorstellung dazu völlig verändert! Als Schaf bräuchte ich in jener kargen, lebensfeindlichen Landschaft unbedingt solch einen guten Hirten! Während der nächsten Viertelstunde schweifen meine Gedanken oft ab, ich finde mich wieder in Zwiesprache mit Gott ... Mein Blick bleibt vorne hängen am ungewohnten Altarraum. Kein Kreuz steht da (was für jüdische Besucher mit Sicherheit ein Affront wäre!), sondern die Zehn Gebote in Gold auf dunklem Grund. In Hebräisch selbstverständlich, hier im Zentrum der hebräischen Welt. Unser aller Basis, diese universellen Weisungen, in der jüdisch-christlichen Welt: nicht lügen, nicht töten, nicht neiden, für andere sorgen – wie vernünftig! Auch sich keine zu festen, einengenden Vorstellungen machen von HASCHEM. Und nicht selbst gemachten Gottheiten oder belanglosen Dingen nachjagen. Alles sehr hilfreich für ein Leben, das gelingen soll, und wunderbar zeitlos und kulturübergreifend richtig! Und Ruhezeiten einplanen,

Vergebung und Dankbarkeit Raum geben – sehr sinnvoll! Genau das empfehlen uns auch Psychologen, um die eigene Seele gesund zu erhalten.

Schade, dass wir nicht schon Freitagabend hier sein konnten, um mit den jüdisch-messianischen Glaubensgeschwistern, die sich hier in der Christ Church treffen, Schabbat zu feiern! Bei uns Christen ist das eben der Sonntag, Auferstehungstag unseres Herrn!

Ja, das vertraute Glockengeläut, überall im Abendland zu hören, möchte ich wirklich nicht missen …

Könnte man nicht einfach beides feiern? Das Fensterbild des Olivenbaums passt genau dazu: Symbol der Zusammengehörigkeit von Christen und Juden. Sind wir Jesus-Nachfolger aller Nationen doch nur wie aufgepfropfte Zweige auf den alten Ölbaum des jüdischen Volkes. Und nicht lebensfähig ohne dessen tiefe Wurzeln! Das Wissen um diese Verbindung wird mir immer kostbarer …

*Heidi Ossowski*

▼ *Garten der Christ Church*

# Der Hiskija-Tunnel –
# eine lebensrettende Verbindung

Mein Dienst als evangelischer Pfarrer begann mit einer Überraschung. Ich wurde als Vikar in die deutsche Gemeinde in Jerusalem geschickt. Vom Herbst 1964 bis zum Herbst 1965 arbeitete ich in Beit Jala, der Zwillingsstadt von Bethlehem, im Internat des lutherischen Jungen-Gymnasiums und in der deutschen Gemeinde der Erlöserkirche im Zentrum der Altstadt von Jerusalem. Wohlgemerkt, das war vor dem 6-Tage-Krieg 1967. Ich lebte auf der arabischen Seite und lernte die islamische Welt kennen. Noch

◀ *Der Teich Siloah*

ahnte damals niemand, dass von den 1970er Jahren an – Ölkrise und iranische Revolution – der Islam die Welt in Aufregung versetzen würde.

In diesem Jahr lernte ich die Bibel mit neuen Augen lesen. Abseits der Touristenströme suchte ich die Orte der biblischen Berichte auf.

Im Sommer 1965 ging ich mit einem Bekannten in das Dorf Silwan und von dort zur Gihon-Quelle. Sie entspringt im Felsen unterhalb des Tempelplatzes zwischen der Davidstadt und dem Kidrontal. Ein paar Felsstufen führten in einen engen Höhlengang. Seit dem Jahr 701 v. Chr. fließt das Wasser der Gihon-Quelle durch einen 553 Meter langen, kurvigen Felstunnel bis in den Siloah-Teich.

Wir hatten uns vergewissert, dass der Wasserstand es erlaubte, den Tunnel zu durchwandern. Das Quellwasser ist kühl. Badezeug ist angesagt. Der Tunnel ist nur 55 bis 65 cm breit. An der höchsten Stelle ist er 5 Meter hoch, an der niedrigsten nur 1,50 Meter. Ich bin 1,80 Meter groß. Also im Entengang durch die kritischen Stellen! Das Wasser stand mir dort bis zur Schulter. Über der rechten Schulter hielt ich das Bündel meiner Kleidung, über der linken die Taschenlampe. Der freundliche arabische Mann am Eingang hatte uns Kerzen zur Erleuchtung der Finsternis im Tunnel verkauft.

Gut, dass wir trotzdem eine Taschenlampe mitgenommen hatten. Der Windzug im Tunnel machte der Kerzenromantik schnell ein Ende. Einige Jahre später habe ich eine Gruppe junger Männer – tüchtige Mitarbeiter in der christlichen Jugendarbeit – durch diesen Tunnel geführt. Beeindruckend, wie still diese Kerle an diesen Stellen im Hiskija-Tunnel wurden. Keine Sache für Leute mit Platzangst.

▲ *Im Hiskija-Tunnel*

▲ *Der kanaanäische Kanal*

Beim Siloah-Teich erreichen wir wieder das Tageslicht. Dort wusch sich der Blindgeborene, dem Jesus die Mischung aus Dreck und Spucke auf die Augen geschmiert und ihn zum Waschen an diesen Teich geschickt hatte. Der Bericht im Johannesevangelium, Kapitel 9, ist bis heute sehr wichtig für alle, die fragen, ob Leid eine Strafe Gottes ist. Es geht nicht um die Warum-Frage, macht Jesus seinen Jüngern klar. Er blickt nach vorn: Gottes Werke sollen an Notleidenden sichtbar werden. Jesus heilt den Blinden auf anstößige Weise – nicht nur mit einem Wort wie sonst oft. Dieses Ereignis ist ein Zeichen, also ein Wegweiser auf die Rettung der Menschen durch den Kreuzestod und die Auferstehung Jesu. Bis heute stoßen sich viele Zeitgenossen an dieser Rettungsaktion Gottes. Also, am Siloah-Teich erreichen wir wieder das Tageslicht nach einem halben Kilometer Dunkelheit und Enge.

Der Hiskija-Tunnel ist eine geniale Ingenieursleistung. Er ist auch eine politische Glanzleistung des Königs Hiskija, der von 727 bis 698 v. Chr. in Jerusalem regierte.

In der Bibel wird davon berichtet: „Was mehr von Hiskija zu sagen ist und alle seine tapferen Taten und wie er den Teich und die Wasserleitung gebaut hat, durch die er Wasser in die Stadt geleitet hat, siehe, das steht geschrieben in der Chronik der Könige von Juda" (2 Kön 20,20). Was war da los?

Die ganze Region wurde von den Armeen der Assyrer bedroht. Die hatten im Jahr 722 v. Chr. das Nordreich Israel mit seiner Hauptstadt Samaria erobert und die Bevölkerung verschleppt. Jerusalem im Südreich Juda hatte viele Flüchtlinge aufgenommen. Die Stadt wurde befestigt. Ein Schwachpunkt: Die einzige Wasserquelle lag außerhalb der Stadtmauern. Bei feindlicher Belagerung war das tödlich. König Hiskija – übrigens nach den Berichten der Bibel ein Mann voller Gottesfurcht und Gottvertrauen – ließ den Tunnel von der Gihon-Quelle bis zum Siloah-Teich bauen, der innerhalb der Stadtmauern lag. Dann wurde die GihonQuelle nach außen verschlossen. Wasser für Jerusalem war auch in Belagerungszeiten gesichert, auch als das Heer des Assyrer-Königs Sanherib im Jahr 701 v. Chr. angriff. Die dramatische Rettungsgeschichte und die Mitwirkung des Propheten Jesaja lesen wir in der Bibel im 2. Buch der Könige 19.

Der Tunnel wurde bei Ausgrabungen im Jahr 1839 entdeckt. Eine Inschrift, die man 1880 fand, belegt, dass der Tunnel von beiden Seiten in die Felsen getrieben wurde und mit nur wenigen Zentimetern Abweichung aufeinandertraf.

Mich erinnert der Hiskija-Tunnel an ein wunderbares Geheimnis meines Lebens mit Jesus Christus. Der Apostel Paulus schrieb aus einer sehr schwierigen Lebenslage im Gefängnis an die Christen in der mazedonischen Stadt Philippi: „Freuet euch in dem Herrn allewege, und abermals sage ich: Freuet euch!" (Phil 4,4). Das ist nichts Besonderes, wenn die Umstände erfreulich sind. Das waren sie für Paulus aber nicht. Die Quelle seiner Freude lag in dem gegenwärtigen lebendigen Herrn Jesus Christus. Dem ist alle Macht im Himmel und auf Erden gegeben. Und er hat versprochen, bei seinen Jüngern zu sein – an jedem Ort und zu jeder Zeit auch unter den schlimmsten Umständen. Er ist die Quelle der Freude, von der kein Feind die Jesus-Leute abschneiden kann.

Die Könige Israels von David an waren Gesalbte und damit Vorboten des Gesalbten, des Messias-Königs Jesus. Auch König Hiskija gehört in diese Reihe. Seine politische Idee und die Genialität seiner Ingenieure sicherten das lebensrettende Quellwasser für Jerusalem. Darin sind sie Wegweiser zu Jesus. Jesus sichert das Wasser des Lebens für uns alle: „Wen da dürstet, der komme zu mir und trinke! Wer an mich glaubt, wie die Schrift sagt, von dessen Leib werden Ströme lebendigen Wassers fließen" (Joh 7,37 f.).

*Ulrich Parzany*

▼ *Regenbogen über Jerusalem und dem Ölberg*

# Lehavot Haviva – ein Ort, an dem Zeitströme zusammenfließen

Einen Text über einen inspirierenden Ort in Israel zu schreiben, fällt mir schwer – nicht etwa weil es keinen solchen gäbe, sondern im Gegenteil, weil derer einfach unfassbar viele sind.

Ich bin in den letzten Jahren immer wieder in Israel gewesen – zuletzt als Ministerpräsident im Jahr 2015 mit einer Delegation.

Es war mir seinerzeit ein großes Anliegen, meine erste Auslandsreise als Ministerpräsident in Israel zu absolvieren. Ein Thüringer Regierungschef – das ist bis heute meine feste Überzeugung – trägt eine besondere Verantwortung, die sich aus unserer Geschichte ergibt und mit den Zivilisationsbrüchen Buchenwald, Dora sowie Topf und Söhne (das Erfurter Unternehmen, welches die Verbrennungsöfen für Auschwitz baute) aufs Engste verbunden ist.

Während dieser Reise besuchte ich einen Ort, der sich mir auf ganz außergewöhnliche Weise ins Gedächtnis eingebrannt hat – den Kibbuz Lehavot Haviva. Sind die Kibbuzim an und für sich bereits sehr besondere Lebensgemeinschaften mit starken basisdemokratischen Elementen und solidargemeinschaftlichen Eigentumsverhältnissen, ist Lehavot Haviva noch einmal auf eine ganz eigene Weise für mich als Thüringer zu einem bewegenden Bezugspunkt geworden.

Dieser Kibbuz wurde nämlich nach dem Ende des Zweiten Weltkrieges von dem Buchenwald-Überlebenden Robert Büchler gegründet, der später zu einem wichtigen Historiker und zentralen Chronisten der Geschichte des sog. „Kinderblocks 66" im KZ Buchenwald werden sollte. Dort überlebte er mit ungefähr 700 weiteren Kindern und Jugendlichen die NS-Barbarei. An diesem Ort, mitten in der Scharon-Ebene, fließen heute also verschiedene Zeitströme zusammen, überlagern sich Geschichten von unfassbarem Leid und großem Glück, berühren sich Vergangenheit und Gegenwart auf eine unverwechselbare Weise. Orte wie Lehavot Haviva sind Knotenpunkte eines gemeinsamen Erinnerungsfadens, der in diesem Fall Israel und Thüringen miteinander verbindet.

Ich besuchte den Kibbuz damals nicht allein. An meiner Seite war mein Freund Naftali Fürst, ebenfalls Buchenwald-Überlebender. Seine Eltern liegen in Lehavot Haviva begraben. Der Besuch an ihrem

▲ *Naftali Fürst am Grab seiner Eltern zusammen mit Bodo Ramelow*

Grab war ein Moment, den ich nie vergessen werde. Nach dem unaussprechlichen Leid, das Deutsche über Naftali und seine Familie gebracht hatten, standen wir 70 Jahre später im Land der großen jüdischen Hoffnung Seite an Seite und gedachten seiner Eltern. Es ist für uns von entscheidender Bedeutung zu verstehen, dass die Verbrechen des Nationalsozialismus und des Holocaust bis heute in beinahe allen Familien Israels ganz unmittelbar präsent sind – entweder durch konkrete Fluchterfahrungen oder die Ermordung der eigenen Vorfahren. Erst wenn wir das verstanden haben, können wir auch ermessen, warum dieser durch einen UN-Beschluss entstandene Staat als unmittelbares Resultat der deutschen Gewaltgeschichte des 20. Jahrhunderts betrachtet werden und somit eine besondere Legitimität besitzen muss. Auch wenn es in der Region mit der von der UN gewünschten Teilung alle möglichen Probleme gibt. Dieser Staat ist mithin ein Schutzraum für all diejenigen, die auch in der Gegenwart Opfer antisemitischen Hasses und antisemitischer Gewalt werden. Der Vorsitzende unserer jüdischen Landesgemeinde, Prof. Reinhard Schramm, sagt immer: „Israel ist eine Sicherheitsgarantie für alle Jüdinnen und Juden, damit sie nie wieder in der Geschichte um Visa betteln müssen.“

◀ *Neues Spielgerät für den Kibbuz-Spielplatz*

Am selben Abend durfte ich den Kindern von Lehavot Haviva im Namen des Freistaates Thüringen neues Spielgerät für ihren Spielplatz schenken, das sofort begeistert getestet wurde.

Das fröhliche Kinderlachen klang in meinen Ohren lange nach. Das Neben- und Miteinander der Generationen im Kibbuz ist der schönste Beweis dafür, dass hier die Zukunft mutig in Angriff genommen und begeistert erwartet wird.

▲ *Die Geschichte Israels auf der Menora gegen-*
*über der Knesset, dem israelischen Parlament*

Und weil Zukunft in Israel immer auch die Frage nach dem friedlichen Miteinander jüdischer,
christlicher und muslimischer Menschen beinhal-
tet – eine Frage übrigens, die sich freilich mit anderer Stoßrichtung auch in Deutschland stellt –,
kann man in Lehavot Haviva studieren, welche
Antworten möglich sind, wenn ein gemeinsamer
Wille und ein gemeinsames Ziel existieren. Im
Kibbuz arbeiten Juden, Muslime und Christen eng
zusammen und haben diverse pädagogische Kon-

zepte aufgesattelt, die darauf abzielen, füreinander
Respekt, Verständnis und Toleranz zu entwickeln.

Lehavot Haviva ist also mehr als eine Ansiedlung
von Menschen. Es ist ein Ort der Begegnung, des
Miteinanders und des Gedenkens.

*Bodo Ramelow*

# Sehnsuchtsort Beit Guvrin

Früher fand ich Rockmusik nur doof. Wahrscheinlich, weil mein großer Bruder so was hörte. Beatles, Shocking Blue, Deep Purple, Rolling Stones – einfach nur laut und Lärm ... Und dann, ich war 14 und allein zu Hause, lag da ein Plattenalbum herum, und darauf stand geheimnisvoll der Titel „Jesus Christ Superstar"! Hä? Jesus – Superstar?

Wir sprechen von der mittleren Steinzeit, es gab noch den Plattenspieler. Ich habe damals skeptisch-neugierig eine Platte aufgelegt, um zu verstehen, was sich hinter diesem – zumindest für mich – beinahe anstößigen Titel verbarg. Und erlebte eine musikalische Auferstehung! Die Texte und die Musik dieser grandiosen Rockoper haben mich schlicht umgehauen! Das war nicht mehr laut, das war einfach ergreifend! Ich weiß nicht, wie oft ich sie wieder und wieder gehört habe. Um sie dann, Jahre später, in der Verfilmung erneut zu erleben. Zum Heulen bewegend ...

Damals kannte ich das Heilige Land noch nicht, wusste auch nicht, dass der Film an besonderen Orten in Israel gedreht worden war. Vor allem in der Umgebung von Avdat und im Zin Wadi in der Negev-Wüste. Eine besondere, vielleicht die schönste Szene, spielt allerdings in dem Nationalpark von Beit Guvrin mit seinen dramatischen Glockenhöhlen: Hier singt Maria Magdalena den verstörten, auf dem Weg in den Showdown seiner Passion von

schlimmer Vorahnung gepeinigten Jesus in den Schlaf.

*Try not to get worried,*
*try not to turn on to*
*Problems that upset you.*
*Oh, don't you know?*
*Everything's alright, yes,*
*everything's fine.*
*And we want you to sleep well tonight.*
*Let the world turn without you tonight.*

*Versuche, dir keine Sorgen zu machen,*
*versuche sie auszuschalten,*
*Probleme, die dich aufregen.*
*Oh, weißt du nicht?*
*Alles ist in Ordnung, ja,*
*alles ist in Ordnung.*
*Und wir möchten, dass du heute Nacht gut schläfst.*
*Lass die Welt sich heute Abend ohne dich drehen.*

Und die Jünger lärmen dumpf um die beiden herum ...

Als ich dann zum ersten Mal selbst in den gigantischen Steinbrüchen von Beit Guvrin stand, war ich überwältigt! Das kannte ich doch – aus dem Film! Die Landschaften der Shefela, dem Hügelgebiet zwischen der Küstenlinie und den Bergen von Ju-

▲ *Glockenhöhlen in Beit Guvrin*

däa, sind bedeckt von einer harten Kalksteindecke, darunter weichere Kalkschichten. Über Hunderte von Jahren hatten die Menschen sich unter die Kalksteindecke gegraben, um Bausteine aus den tiefen und weicheren Kalksteinschichten zu schlagen. Daraus sind gigantische unterirdische Höhlen entstanden, die sich nebeneinander zu domartigen Gewölben entwickelt haben, getragen von mächtigen (Stütz-)Säulen in ihrer Mitte. In diesem grandiosen Setting lässt der Film Jesus vor seinem Weg nach Jerusalem ausruhen, und es ist Maria Magda-

lena, die ihm Zuspruch und Frieden schenkt.
„Try not to get worried …" – „Versuche, dir keine Sorgen zu machen."

Diese wunderschöne, toskanaähnliche Landschaft ist dann auch gefüllt von Geschichte. Etwa als Schauplatz für den Bar-Kochba-Aufstand, dem zweiten großen Krieg der Juden gegen das allmächtige Rom 132 bis 136 n. Chr., der sich im Wesentlichen in dieser Umgebung abspielte.

hatten. Sie dienten als Kolumbarien für die Taubenzucht und das kommerzielle Sammeln von Taubenkot als Hochpreisdünger, aber auch für das Pressen von Olivenöl sowie als Vorratskammern zum Aufbewahren und Lagern von Öl und Wein, die in dieser reichen Landschaft bis heute angebaut werden. Aus diesen Höhlensystemen heraus führten die Juden einen gnadenlosen Guerillakrieg, bei dem ganze römische Legionen aufgerieben wurden. Der Krieg war für Rom so verlustreich, dass Kaiser Hadrian nach seiner Niederwerfung darauf bestand, die Stadt Jerusalem dem Erdboden gleichzumachen. Jerusalem stand für den Glauben an den einen Gott, der keine anderen Götter neben sich duldet, weswegen vom jüdischen Volk eine ultimative Autorität Roms über sein Leben immer wieder infrage gestellt werden konnte. Das Übel sollte bei der Wurzel ausgerissen werden: Jerusalem wurde restlos zerstört, eine neue römische Stadt darübergebaut und das Land umbenannt von Judäa in Palästina – Philisterland!

Amüsant ist dabei vielleicht, dass der Name „Philister" übersetzt „Eindringlinge" bedeutet. Was aber weder Rom noch die moderne Nahost-Thematik groß beschäftigt haben wird ... Der Nationalpark von Beit Guvrin birgt allerdings noch einen weiteren Schatz: den Ausblick von dem Tel, dem Grabungshügel der antiken Stadt Maresha. Von seiner Spitze bietet sich ein spektakulärer Blick nach Osten und auf die Berge von Judäa. Nach Westen geht der Blick über die Küstenebene und auf das Mittel-

Neben den Glockenhöhlen finden sich unter der Stadt Maresha im Nationalpark von Beit Guvrin wie auch in der weiteren Umgebung schier endlose Stollen- und Höhlensysteme, die aus den unterirdischen Steinbrüchen entstanden waren und sich im Verlaufe der Jahrhunderte miteinander verbunden

meer. Die Stadt selbst lag auf der strategischen Hügelkette, die in der Antike die berühmte Via Maris bewachte. Und unmittelbar unten können wir uns diese Via Maris vorstellen, die wichtigste Militär- und Handelsstraße der Antike über die Landbrücke Palästina, die Mesopotamien im Osten mit Ägypten im Südwesten und dem Hethiter-Reich im Norden verband. Jede Großmacht der Antike eiferte darum, diesen militärischen Flaschenhals Palästina in ihrem Besitz oder unter ihrem Einfluss zu halten. Und wir sehen förmlich die großen Karawanen und Militärzüge unmittelbar unter uns vorbeiziehen. An einem solchen Ort wie hier wird die enge Verknüpfung von Bibelgeschichte und Glaubensgeschichte unmittelbar: Der Gott Israels ist ein historischer Gott, und die in der Bibel überlieferten Erfahrungen der Menschen mit diesem Gott stehen immer auch in einem Zusammenhang mit der Politik der antiken Großmächte gegenüber der Landbrücke Palästina – dem Land Israel! Sie ist die historische Folie für die Geschichte und die Geschichten der Bibel, die Grundlage für die Gotteserfahrung und die Glaubensbeschreibungen der Menschen, die sie erzählen.

Mein Sehnsuchtsort: die wunderschöne Landschaft der Shefela, Bar Kochba, Via Maris, „Jesus Christ Superstar" und die singende Maria Magdalena in den Glockenhöhlen von Beit Guvrin!

*Georg Rößler*

▲ *Antike Olivenpresse*

▲ *Unterirdisches Tunnelsystem in Beit Guvrin*

# Wo Maria sich ausruhte

**Von Bodenwerder nach Jerusalem**

Aus Bodenwerder bei Hameln erreichte mich während des Lockdowns ein wunderbares Geschenk: ein Dreispitz, wie ihn mein berühmter Verwandter, der Baron von Münchhausen, trug. Mit dessen Geschichten war ich aufgewachsen. Der Urgroßvater, der in der Zeit meiner Kindheit noch auf dem Schloss wohnte, hatte dem kleinen Ulrich Wilhelm anhand von Brehms Tierleben allerhand Münchhausengeschichten erzählt. Und unweit von Bodenwerder habe ich später in meinen Ferien auf dem Gut in Hastenbeck beim Großvater das Treckerfahren gelernt und Ställe ausgemistet. Und schließlich, so berichtet zumindest Gottfried August Bürger, ließe sich der Stammbaum des Barons bis auf „die Frau des Urias zurückverfolgen, die sich eine Zeit lang der Gunst des Königs Da-

vid erfreute". Diese habe nach Davids Tod dessen Schleuder mitgehen lassen und ein „übrig gebliebenes kleines Stückchen liegt jetzt in unserem Familienarchiv, wo es neben wichtigen Altertümern zum ewigen Andenken aufbewahrt wird". Es ist also Ehrensache für mich, diesen Hut jetzt in Jerusalem zu tragen.

## Die Hölle ist ein anmutiges Tal

Der Urahn war noch mit Pferdekutschen unterwegs. Ein Traktor steht uns auch nicht zur Verfügung. Ich setze also den Hut auf, und wir besteigen einen arabischen Bus. Auf dem Weg zum Damaskustor fahren wir damit direkt durch die Hölle. Und das ist jetzt keineswegs eine Geschichte des berühmten Barons, sondern das Tal dort heißt tatsächlich seit biblischer Zeit Gehinnom, was in den deutschsprachigen Bibeln als „Hölle" übersetzt worden ist. Im Höllental soll der Moloch Menschen geopfert und auf einem großen Feuer verbrannt haben. Diese Berichte waren die Quelle für die bis heute verbreiteten Vorstellungen zur „Hölle". Aber das Höllental ist heute ein lieblicher Ort und ein beliebtes Ausflugsziel, wo die Bewohner Jerusalems ihre Kinder und Hunde ausführen und sich zu leckeren Picknicks verabreden. Hier steht auch die Cinemathek, in der man die besten Filme der Stadt sehen kann. Wer die Hölle einmal länger genießen will, kann sich ein Zimmer im Zionhotel neben der Cinemathek mieten. Alle Zimmer mit Balkon bieten einen Blick auf das grüne Höllental mit den Grabhöhlen, wo Forscher die einbalsamier-

ten und in Grabtücher eingewickelten Leichenreste von jenen „Sündern" entdeckt haben, die der Moloch einst auf grausame Weise hingerichtet habe. Wenn uns mal jemand verflucht und „in die Hölle" schicken will, können wir nur schmunzeln und „Ja gerne" antworten.

Noch schöner ist es nur bei Maria.

## Wo Maria sich ausruhte

An der großen Durchgangsstraße steigen wir in einen arabischen Bus und fahren in Richtung Bethlehem bis nahe der Abfahrt zur „Siedlung" Har Homa. Als 1992 die Schnellstraße erweitert wurde, stießen die Arbeiter mit ihren Bulldozern inmitten der Olivenbäume des griechischen Eliasklosters auf umgestürzte Säulen und die Grundmauern einer oktogonalen Kirche aus der Frühzeit des Christentums. Die Archäologin Rina Avner von der israelischen Antikenbehörde war anschließend lange mit Ausgrabungen in den Apsen jener alten Kirche beschäftigt und legte bunte Mosaiken frei.

In der Mitte der Kirche befand sich ein Felsen, auf dem der Erzählung nach Maria geruht haben soll, als sie hochschwanger auf dem Esel reitend von Nazareth kam, um in Bethlehem gemäß der Weisung von Kaiser Augustus gezählt zu werden. Der Felsen wich zurück und passte sich der Anatomie Marias an. Entsprechend nannten die Griechen diese Stelle *Kathisma* oder Stuhl Marias. Dieser Felsen wurde inzwischen in die Grabeskirche in Jerusalem gebracht. Er steht mit Graffitis übersät zwischen zwei Säulenreihen vor dem „Gefängnis Jesu".

▲ *Mar Elias-Kloster zwischen Jerusalem und Bethlehem*

▲ *Luftaufnahme der Überreste der achteckigen Kathisma-Kirche*

Eines der mehrfarbigen Mosaiken zeigt drei Dattelpalmen. Nach dem apokryphen Evangelium von Pseudo-Matthäus aus dem 5. Jahrhundert beugte sich eine Dattelpalme auf wundersame Weise vor, um Maria Schatten und Frucht zu bieten, während sie sich ausruhte (Sure Maryam 19:22–26). Die Dattelpalmengeschichte und das achteckige Design der Kathisma inspirierten den Omaijaden-Kalifen Abd al-Malik, als er zwischen 687 und 691 Jerusalems ungewöhnlich geformten Felsendom an der Stelle des zerstörten Tempels errichten ließ. Ebenso ist die Kirche rund um das leere Grab Jesu wie ein Oktogon geformt, alles in Anlehnung an die Kathisma.

Die Forscher haben alte Pilgerberichte durchforstet und festgestellt, dass die Kathisma einst die bedeutendste Kirche Jerusalems war. Zunächst hieß es, dass Jesus dort geboren wurde. Doch diese Geschichte wurde im Christentum schnell verworfen, weil damals schon an der Geburtskirche in Bethlehem gebaut wurde und man der Kleinstadt südlich von Jerusalem keine Konkurrenz machen wollte. Im 8. Jahrhundert wurde das Gebäude in eine Moschee umgewandelt, die von Christen und Muslimen genutzt wurde.

Man geht davon aus, dass die Kathisma 749 einem Erdbeben zum Opfer fiel, später von Kreuzfahrern wiederaufgebaut und nach der Vertreibung der Franken im 12. Jahrhundert wieder zerstört wurde. Neben den bunten Mosaiken mit Abbildungen von Palmen und Tieren in den Flügeln der Kathisma fanden die Archäologen im ehemaligen Eingangstor auch ein großes Mosaik, auf dem die Namen der Stifter in griechischer Sprache verewigt worden waren. Die Stätte befindet sich heute im Besitz des griechisch-orthodoxen Patriarchats in Jerusalem. In den 1990er Jahren kamen Freiwillige von der Universität Athen, um bei der Ausgrabung zu helfen und mit der Restaurierung zu beginnen. Aber dann ging ihnen das Geld aus, und so wurden die Mosaiken zu ihrem Schutz wieder unter einer dünnen Sandschicht verborgen, die sich leicht ein wenig beiseitewischen lässt. Wie so viele Schätze, die im Heiligen Land noch nicht gehoben sind, ist auch dieser Platz frei zugänglich.

Da ich langsam in das Alter komme, wo es vielleicht auch dem Ungläubigen erlaubt ist, auf Wunder zu hoffen, möchte ich meinen Bericht mit dem Wunsch schließen, dass nach all den Jahrhunderten der Vergessenheit sich nach meiner Zeit auch die übrige Welt wieder dieses Ortes erinnern möge. Und vielleicht erzählt man sich dann: In himmlischer Ruhe konnte der Sahm hier auf einer umgestürzten Säule sitzen, seine Zigarette rauchen und über den Lauf der Welt nachdenken.

*Ulrich Sahm*

*Inneres der Grabeskirche* ▼

# Tabgha – hier kommt meine Seele zur Ruhe

Versteckt im hohen Schilfgras sitze ich am See Genezareth. Zwei Wochen habe ich mir dieses besondere Land nun angeschaut, um für ZDF-Kultur Filmaufnahmen für „Die Nonne und Herr Jilg" zu machen. Viele Eindrücke, viele Gefühle, viele Bilder, die ich erst einmal verarbeiten muss.

Hier an diesem Ort ist es friedlich. Was man ja nicht von jedem Ort in Israel oder dem Westjordanland sagen kann. Ab und zu fährt in einigem Abstand ein Ausflugsboot vorbei. Manchmal scheint man dort Party zu feiern, manchmal höre ich Fetzen von Stimmen, die wohl die Touristen durch diese besondere Landschaft leiten.

Tabgha ist ein ruhiger Ort, ein Ort, an dem meine Seele zur Ruhe kommen kann. In meinem kleinen Zimmer, in einem Bungalow direkt am See, scheint der ganze Israel- und Jesus-Tourismus weit weg. Hier am See bin ich Jesus endlich nahe. Nicht in der Grabeskirche mit ihren Tausenden Pilgern und Touris, nicht in Bethlehem, sondern hier, wo der Ausblick auf die Hügel ringsum noch genauso ist wie vor 2000 Jahren (tauscht man die Boote aus und die modernen Anlegestellen).

◀ *Der See Genezareth inmitten karger Landschaft*

Es ist heiß, Mitte Oktober, und ich schwimme in regelmäßigen Abständen im See. Herrlich!

Morgens feiere ich den Gottesdienst mit, der dort in der hellen und schönen Kirche der Brotvermehrung gehalten wird. Der Tag gehört dann mir. Ich wandere auf den Berg der Seligpreisungen und bin mal wieder abgestoßen von den ganzen Menschenmassen, die aus den Bussen quellen, einen Gottesdienst feiern und wieder abfahren. Die Kirche beeindruckt mich nicht, wohl aber der Ausblick über den See.

Auch Kafarnaum liegt ganz in der Nähe. Ich bin beeindruckt, diese Orte nun nicht nur aus der Bibel, sondern auch in meinem inneren Lageplan verortet zu haben. Von nun an werden sich diese Bilder mit den Texten verknüpfen, wenn ich diese lesen oder hören werde. Auch werde ich nie wieder eine Krippe in sattes Grün mit Tannen und Weiden betten, nachdem ich die karge Landschaft rund um Bethlehem gesehen habe. Das bereichert mich. Hier am See fühle ich mich frei wie selten in diesem kleinen, schönen Land voller Grenzen, Mauern und Soldaten.

Auf dem Weg hierher von Tel Aviv aus benutzte ich ein Sherut, eines dieser kleinen Sammeltaxis, die irgendwann abfahren. An der Grenze zum Westjordanland war ich die Einzige, die aus dem Bus aussteigen musste, um Pass und Gepäck zu zeigen.

Das fühlte sich komisch an. Was, wenn der Bus ohne mich abfährt, weil die Kontrolle zu lange dauert? Tut er nicht, Geduld gehört wohl mit zu den Eigenschaften dieser Menschen hier.

Auch den Ort Tabgha schien niemand zu kennen, den ich fragte. Ob ich wohl Tabrah meinte? Vielleicht. Ich ließ mir den Weg dorthin beschreiben und kam tatsächlich dort an. Das wusste ich vorher auch nicht, dass die Orte, die wir namentlich kennen, manchmal anders ausgesprochen werden.

Nach diesen Tagen am See werde ich noch das Großstadtleben in Tel Aviv mit dem langen Strand genießen. Kontrastprogramm zu diesem ruhigen und fast ursprünglichen Fleckchen Erde. Israel ist ein Land voller Kontraste. Sowohl landschaftlich als auch von den Menschen und Kulturen her. Und alles auf engstem Raum: Modernität und Ziegenhirten in der Wüste, fromme, strenge Religionsvorschriften und wilde Partys am Strand.

Ich jedenfalls sehne mich manchmal nach diesem ruhigen und schönen Ort am See Genezareth, der mich dem ganz nahebrachte, der hier vor über 2000 Jahren den Menschen die Botschaft von Liebe, Versöhnung und Frieden verkündete.

*Sr. Jordana Schmidt OP*

▼ *Die Kirche der Brotvermehrung*

# Ich wünsche Jerusalem
# Frieden und Gottes Segen

Als Angehöriger des Jahrgangs 1939 habe ich die schreckliche Zeit des Nationalsozialismus nicht mehr bewusst erlebt. Aber als ganz junger Mensch, noch als Schüler, habe ich mich mit keinem Thema so stark beschäftigt wie mit der nationalsozialistischen Gewaltherrschaft, dem Widerstand im Drit-

ten Reich, dem Holocaust, mit dem jüdischen Volk und dem Niedergang der Weimarer Republik. Ich habe gelesen, was es damals an Büchern gab.

Das war der Grund, warum ich mich schon ab dem 16. Lebensjahr politisch engagierte. Vor allem war es der Grund für meine Nähe zum jüdischen

Volk und zum Staat Israel. Ich bin als ganz junger Mensch zur Gründungsversammlung der deutsch-israelischen Gesellschaft nach Berlin gefahren. Ich habe Jugendgruppen und später alle Abgeordneten meiner Fraktion nach Israel geführt. Und seit zehn Jahren leiste ich meinen bescheidenen Beitrag zur Jerusalem Foundation, ihren Aufgaben und Zielen.

Teddy Kollek habe ich vor über 30 Jahren kennengelernt und ich habe den Bürgermeister Kollek mehrfach in seinem Rathaus besucht. Ich habe Hochachtung vor dieser überragenden Persönlichkeit.

Er war ein Bürgermeister des ganzen Jerusalem, aller Ethnien und Religionen, vor allem aber ein Bürgermeister für alle benachteiligten Menschen. So ist die Jerusalem Foundation vor 40 Jahren ent-

standen und sie hat segensreich für alle Bürger Jerusalems gewirkt, vor allem aber für diejenigen, die nicht auf der Sonnenseite des Lebens stehen. Rückwärts blickend kann man nur staunen, mit welchem Weitblick Teddy Kollek der Stiftung vorgegeben hat,

– sich für das ganze Jerusalem einzusetzen,
– für friedliche Koexistenz von Juden und Arabern,
– für Toleranz und gegenseitige Achtung,
– für eine gerechte und gleichwertige Entwicklung aller Stadtteile Jerusalems,
– für einen Vorrang für den ärmeren Teil der Bevölkerung,
– für Bildung, Gesundheit, kulturelle, wirtschaftliche und soziale Entwicklung.

Mit visionärer Kraft war er seiner Zeit weit voraus. Er hat nie aufgegeben, sondern täglich für seine Ziele gearbeitet. Er setzte Hoffnung gegen die Erfahrung. So gibt er uns ein Beispiel und er nimmt uns in die Pflicht.

Ich wünsche Jerusalem Frieden und Gottes Segen.

*Erwin Teufel*

▲ *Teddy Kollek, 1965–1993 Bürgermeister von Jerusalem*

Dieser Beitrag ist ein Auszug aus Dr. Teufels Dankansprache anlässlich der Auszeichnung mit dem Teddy-Kollek-Preis am 6. Juni 2005 in der Knesset, dem israelischen Parlament in Jerusalem. Er reiste über viele Jahre als Politiker und Mitglied der Jerusalem Foundation Deutschland nach Israel.

# En Gedi –
# Erfrischung in tropischer Gluthitze

Es ist heiß. Hochsommerheiß. Wüstenheiß. Schwitzend und keuchend schleppen wir uns hügelan, das Salzmeer im Rücken, die Judäische Wüste vor Augen. Aber die Erfrischung ist zum Greifen nah: En Gedi, eine Oase mit Wasser und Sträuchern und wilden Tieren. Ein Überlebensreservat in einer lebensfeindlichen Welt.

Endlich sind wir da. En Gedi heißt wörtlich übersetzt „Böckchenquelle". Und die findet man hier: Steinböcke, dazu Gazellen und Klippschliefer. Wir atmen auf und vergessen für einen Moment die Glutsonne, die auf uns niederbrennt. Aber nur für einen Moment. Denn dann geht es weiter bergauf. Und Schatten ist auch hier ein rares Gut.

Wir sind nicht die Ersten, die hierher geflohen sind. Der junge David hat sich hierher mit seinen Leuten zurückgezogen. David, schon zum König gesalbt, aber noch nicht eingesetzt, weil noch ein anderer auf dem Thron sitzt: Saul. Und der will nicht weichen. Vielmehr versucht er David aus dem Weg zu schaffen, um an der Macht bleiben zu können. Hier in En Gedi treffen sie aufeinander. David versteckt sich vor den Soldaten Sauls in einer Höhle. Er will keinen Showdown. Er wartet auf die richtige, die gottgegebene Zeit. Aber genau diese Höhle nun benutzt Saul als Nottoilette. Ist das der Moment? David könnte ihn umbringen. Aber er kann nicht und will nicht. „Der Herr bewahre mich davor, meinem Gebieter, dem Gesalbten des Herrn, so etwas anzutun und Hand an ihn zu legen; denn er ist der Gesalbte des Herrn" (1 Sam 24,7).

David – vielleicht hat er hier auch seinen berühmten Psalm 23 gedichtet. Oder sich zumindest von diesem Ort inspirieren lassen. „Der Herr ist mein Hirt, nichts wird mir fehlen. Er lässt mich lagern auf grünen Auen und führt mich zum Ruheplatz am Wasser. Meine Lebenskraft bringt er zurück. Er führt mich auf Pfaden der Gerechtigkeit, getreu seinem Namen. Auch wenn ich gehe im finsteren Tal, ich fürchte kein Unheil; denn du bist bei mir, dein Stock und dein Stab, sie trösten mich. Du deckst mir den Tisch vor den Augen meiner Feinde. Du hast mein Haupt mit Öl gesalbt, übervoll ist mein Becher. Ja, Güte und Huld werden mir folgen mein Leben lang und heimkehren werde ich ins Haus des Herrn für lange Zeiten."

Wir klettern weiter bergauf. Der Weg wird immer schweißtreibender. Unser Ziel liegt am Ende der grünen Oasenschlucht: der Wasserfall Schulamit. Der Bach am Rand unseres holprigen Bergpfads

▲ *Das Wadi Nachal Arugot*

weist uns den Weg. Endlich sind wir da. Und nicht allein. Eine jüdische Großfamilie tummelt sich schon im Wasser. Und eine spritzende und kreischende Schulklasse. Es ist auch beinahe zu schön, um wahr zu sein: Frisches Quellwasser mitten in der staubtrockenen Wüste, kühle Erfrischung in tropischer Gluthitze. Auch wir steigen vorsichtig ins Wasser. Mancher wagt sich sogar unter den stürzenden Wasserfall. Die Klamotten behalten wir an. Sogar die Bergsandalen. Ein Glücksgefühl, das sich kaum in Worte fassen lässt, schießt in Körper und Seele und Herz. Der „Ruheplatz am Wasser" wird unser Wellnesstraum im Wasser. Wir spüren sie mit allen Sinnen, die „Güte und Huld" unseres himmlischen Hirten. Manche beginnen zu singen. Loblieder. Und wir alle ahnen: Nur wer zuvor ordentlich geschwitzt und geschnauft hat, kann dieses Glück so richtig genießen.

Nach ein paar Minuten klettern die Ersten wieder aus dem Wasser. „Ihr müsst euch nicht umziehen!", ruft unser Reiseleiter. „Die Klamotten trocknen am Leib. Schneller als euch lieb ist." Und tatsächlich: Nach ein paar Minuten sind die nassen T-Shirts und Hosen nur noch Erinnerung.

En Gedi, ein kleines Paradies in einer Leben vernichtenden Gegend, in der sogar das Meer tot ist. Wir sind für ein paar Stunden wieder diesseits von Eden.

Schon immer hat diese Oase Menschen angezogen. Archäologen haben ein Heiligtum ausgegraben, das sie ins Jahr 3150 v. Chr. datieren. Lange, sehr lange, bevor Abraham und Sara und Lot ihren Fuß in dieses Land gesetzt haben.

Heute wird das Gebiet, das zum Nationalpark avanciert ist, von den Mitgliedern eines Kibbuz bewirtschaftet und ist ein beliebter Anziehungspunkt für Touristen und Pilger aus aller Welt.

An den Strand des Toten Meeres allerdings kann man von hier aus nicht mehr wandern. Zu tief abgesunken ist der Meeresspiegel und hat dabei tiefe, einsturzgefährdete Hohlräume hinterlassen. Das Paradies ist gefährdet. Wie jedes irdische Paradies. Aber eine alte Prophetie des Propheten Hesekiel gibt Hoffnung gegen allen Augenschein. Da fließt ein Fluss vom Tempel in Jerusalem bis hier hinunter an das Tote Meer. „Diese Wasser strömen in die Araba hinab und münden in das Meer. Sobald sie aber in das Meer gelangt sind, werden die Wasser gesund. Wohin der Fluss gelangt, da werden alle Lebewesen, alles, was sich regt, leben können und sehr viele Fische wird es geben. Weil dieses Wasser dort hinkommt, werden sie gesund; wohin der Fluss kommt, dort bleibt alles am Leben. Von En-Gedi bis En-Eglajim werden Fischer an ihm stehen und ihre Netze zum Trocknen ausbreiten. Alle Arten von Fischen wird es geben, so zahlreich wie die Fische im großen Meer. Seine Lachen und seine Tümpel aber sollen nicht gesund werden; sie sind für die Salzgewinnung bestimmt. An beiden Ufern des Flusses wachsen alle Arten von Obstbäumen. Ihr Laub wird nicht welken und sie werden nie ohne Frucht sein. Jeden Monat tragen sie frische Früchte; denn ihre Wasser kommen aus dem Heiligtum. Die Früchte werden als Speise und die Blätter als Heilmittel dienen" (Ez 47,8–12).

En Gedi, einer meiner Lieblingsplätze in diesem wunderbaren Land.

*Jürgen Werth*

# Begegnungen am See

Israel – ein faszinierendes Land. Atemberaubend die Schönheit der Landschaft und der Vegetation. Hier hat Jesus gelebt. Hier können wir seine Spuren entdecken. Viele Orte, die an ihn erinnern, sind laut und überbaut. Am See Genezareth habe ich jedes Mal das Gefühl: Hier ist er gewesen.

Der See existierte schon damals zu seinen Lebzeiten an dieser Stelle. Hier komme ich dem Geschehen von damals ganz besonders nahe – mit der aufgeschlagenen Bibel in der Hand.

Weil Jesus der lebendige Herr ist, darum ist es überall möglich, mit ihm zu reden. Aber vielleicht ist es dort, wo er seinen Fuß auf unsere Erde gesetzt hat, leichter, Zwiesprache mit ihm zu halten.

Jesus hat hier am See Menschen geheilt, Scharen von Zuhörern angezogen. Hier hörten sie ihm zu. Sie hatten zum Teil tagelange Wanderungen auf sich genommen, um ihn zu sehen, zu berühren. Welche Faszination muss von seinen Worten ausgegangen sein, dass sie darüber sogar die Zeit und den Hunger vergaßen. Sie wollten von ihm angerührt werden an Leib und Seele.

In Gedanken stelle ich mich zu ihnen. Hier hat Jesus Menschen aufgefordert, ihm nachzufolgen. Hier haben seine Jünger Stürme erlebt. Und Wunder.

Vor einigen Jahren war ich mit einer Reisegruppe in Israel unterwegs. Wir gingen von der römisch-katholischen Kirche der Seligpreisungen hinunter zum See Genezareth. Auf dem Weg sprach mich einer der Teilnehmer an – ein junger, sportlicher und erfolgreicher Mann.

Und dann brach es aus ihm heraus: „Ich bin frustriert. Ich habe Geld und Erfolg. Aber mein Leben ist leer." Ich hörte ihm zu, bis wir unten am See waren. Da sich dort unsere Gruppe zur Andacht versammelte, konnte ich ihm nichts mehr sagen. Wir setzten uns mit Blick auf den See, dort wo die Statue am Ufer steht, die darstellt, wie der auferstandene Jesus dem knienden Petrus die Aufgabe überträgt: „Weide meine Lämmer – weide meine Schafe."

An fünf Orten im Heiligen Land hat sich Jesus als der auferstandene Herr seinen Jüngern gezeigt: am leeren Grab des Josef von Arimathäa, im Abendmahlssaal, auf der staubigen Straße nach Emmaus, an der Stätte der Himmelfahrt auf dem Ölberg und am See Genezareth.

Ich schlage die Bibel auf und lese aus dem Johannesevangelium (Joh 21), was sich vor fast 2000

◀ *Bronzestatue des Auferstandenen*

*Primatskapelle am Nordufer*
*des Sees Genezareth* ▼

▲ *Mensa Christi in der Primatskapelle*

Leuchtend geht die Sonne auf über dem See Genezareth. Ein herrlicher Anblick. Das Wasser sieht silbern aus. Doch alle Schönheit der Natur kann ein trauriges Herz nicht trösten. Da steht Jesus am Ufer! Es gibt ein Ufer, an dem uns der Sohn Gottes erwartet. Sie erkannten ihn aber nicht.

Jesus fragt: „Kinder, habt ihr schön gefrühstückt?" Der Auferstandene kümmert sich um das Frühstück seiner Leute.

Er gibt den Auftrag, noch einmal auf den See herauszufahren, wie er es bei der ersten Begegnung mit Petrus hier schon einmal getan hatte (Lk 5,1–11). Er geht mit ihm an den Anfang zurück.

Jetzt ist der Fischzug erfolgreich. Die Netze sind übervoll. Ein Jünger erkennt ihn und wendet sich an Petrus: „Es ist der Herr!"

Während sie fischen waren, hatte Jesus für sie eine Mahlzeit vorbereitet. Daran erinnert die Kapelle: Mensa Christi der Franziskaner am See. Jesus lädt sie zum Mahl ein. Da wussten sie: Es ist der Herr. Sie selbst haben Jesus lebendig gesehen. Er reicht ihnen das Brot und isst mit ihnen.

Nach dem gemeinsamen Essen fragt Jesus den Simon Petrus dreimal: „Hast du mich lieb?" Hier geht es um den Lebensnerv der Beziehung zu Jesus. Dreimal hatte Petrus Jesus verleugnet. Dreimal antwortet er jetzt: „Ja, Herr, du weißt, dass ich dich lieb habe."

Der auferstandene Jesus verwandelt den Versager zum Hirten, den Verleugner zum Bekenner. Er wie-

Jahren hier ereignete. Was konnte ich dem jungen Mann auch Besseres sagen.

Petrus und die anderen Jünger sind von Jerusalem zurück am See. Sie sind in ihrem alltäglichen Trott. Fische fangen. Und sie fingen in dieser Nacht nichts. Frustrierte Leute. Sie wussten schon, dass Jesus auferstanden war, aber sie machten weiter, als hätte sich nichts ereignet.

derholt seine Aufforderung von der ersten Begegnung: „Folge mir nach!"

Die Auferstehung Jesu ist das größte welthistorische Ereignis: Der Sohn Gottes besiegt den Tod. Ohne die Auferstehung ist das Christentum nicht denkbar. Der christliche Glaube hätte kein Fundament, wäre Jesus nicht auferstanden.

Mein ganzes Leben bekommt erst von der Auferstehung her seinen tiefsten Sinn. Die Auferstehung Jesu ist der Sieg des mächtigen Gottes über die Macht des Todes. Deshalb hat für mich der Tod nicht das letzte Wort. Jesus lebt. Er ist von Ewigkeit zu Ewigkeit. Und er ist Gegenwart. Er will jedem Menschen begegnen. Auch heute.

Als das Flugzeug mit unserer Reisegruppe in Frankfurt landete, kam der junge Mann noch einmal auf mich zu: „Ich denke, dass Jesus jetzt auch morgen am Ufer meines Lebens steht."

*Bärbel Wilde*

▼ *Die Küste des Sees nahe Tabgha*

# Die Balken am See Genezareth

Meine Aufenthalte im Heiligen Land waren immer nur sehr kurz. Ich hatte meistens dienstlich zu tun bei meinen Mitbrüdern in Jerusalem und in Tabgha. Das ist eigentlich schade; denn im Heiligen Land gibt es so vieles zu sehen, vor allem kommt uns die Bibel sehr nahe. Wir erfahren ihre Lebenswirklichkeit.

Und doch gibt es immer wieder die Möglichkeit, auch ein paar Minuten sich freizunehmen, um etwas zu erfahren, was uns berührt. Wir brauchen nur unsere Augen und unser Herz zu öffnen.

Einmal ging ich in der Mittagspause am See Genezareth spazieren. Ich dachte an Jesus, wie er mit seinen Jüngern an diesem See entlangging und mit ihnen redete, wie er versuchte, ihnen seine Sendung klarzumachen. Da entdeckte ich am Ufer im hohen Schilfgras eine Lichtung. Fünf dicke, dunkelbraune Balken lagen im Kreis, offenbar für Gruppen hergerichtet für Gespräche und Meditationen. Ich setzte mich auf einen Balken und blickte durch das Schilfgras auf den See, der im Sonnenlicht silbrig mir entgegenschien. Ich verlor das Zeitgefühl, die Zeit schien stillzustehen, und vor meinen Augen tauchte Jesus auf, wie er zu seinen Jüngern gleichnishaft sagte: „Warum siehst du den Splitter im Auge deines Bruders, aber den Balken in deinem Auge

bemerkst du nicht?" (Mt 7,3). Mit einen Splitter im Auge würde ich wenigstens noch etwas sehen, der Balken aber versperrt mir die ganze Sicht. Wie sieht es nun bei mir aus? Habe ich auch so einen dicken Balken im Auge wie den, auf dem ich gerade sitze? Eine Frage, auf die ich so schnell keine Antwort geben konnte. Sind es meine Mitbrüder, die ich nicht richtig sehe, weil Vorurteile mir die Sicht versperren? Sind es überhaupt die Vorurteile, die mich blockieren, die Wirklichkeit zu erkennen? Wie viele Vorurteile blockieren mich, sodass ich andere ständig kritisiere? Jedenfalls ist die Antwort Jesu ganz klar: „Wie kannst du zu deinem Bruder sagen: Lass mich den Splitter aus deinem Auge herausziehen! – Und dabei steckt in deinem Auge ein Balken?" (Mt 7,4).

Ich schaue und schaue über den See. Sein Licht hilft mir; nicht in Depression zu versinken. Aber ich frage weiter: Wo ist mein Balken, was ist mein Balken, der mich hindert, die anderen zu sehen, wie sie sind, ohne Vorurteile und ohne über sie zu richten? Die Antwort Jesu ist überdeutlich: „Du Heuchler! Zieh zuerst den Balken aus deinem Auge, dann kannst du versuchen, den Splitter aus dem Auge deines Bruders herauszuziehen!" (Mt 7,5). Bei mir verlangt er, dass ich den Balken herausziehe, bei dem anderen kann ich dann versuchen, den Splitter herauszuziehen, und es ist nicht gesagt, dass es gelingt. Ein deutlicher Unterschied also. Bei mir jedenfalls soll ich es sofort tun, sonst bin ich ein Heuchler – ein scharfes Wort, eine harte Herausforderung.

Jesus kann sehr unbequem werden. Aber er zeigt uns die Voraussetzung für ein gelingendes menschliches Miteinander. Ich habe damals keine Antwort gefunden. Nachdenklich stehe ich auf und gehe in das Kloster zurück. Die Frage geht mir bis heute nach, sie lässt mich nicht mehr los, und immer wieder denke ich an die Balken am See Genezareth, und immer noch suche ich nach einer Antwort.

*Notker Wolf OSB*

# „Die ganze Welt kommt hier vorbei"

Bestell ich mir arabischen Kaffee mit Kardamom? Frisch gepressten Orangensaft? Palästinensisches Bier? Ach, ich nehme wieder ein Glas Tee mit frischer Minze wie beinahe jedes Mal, wenn ich hier verweile. Doch so lecker das Getränk auch schmeckt, deswegen allein verbringe ich nicht so gerne meine Zeit ausgerechnet hier. Mich reizen auch weder die kleinen Tischchen, die einfachen Stühle noch die überschaubare Speisekarte.

Nein, ich habe das winzige Café Rimon zu einem meiner Lieblingsorte in Israel auserkoren, weil es mich jedes Mal zu einer aufregenden Pause der besonderen Art einlädt.
Wollen Sie das miterleben? Dann spazieren wir zunächst gemeinsam auf das mächtige Damaskustor zu. Die lärmende Sulayman Street hat uns hierhergeführt. Der Name erinnert an Sultan Süleyman den Prächtigen, der dieses gewaltigste aller Jerusa-

lemer Tore vor knapp 500 Jahren bauen ließ. Vom Niveau der Straße aus müssen wir erst einmal ein paar Stufen nach unten steigen. Neben uns bugsieren junge Männer hoch beladene Karren eine schmale Rampe hinunter. Nachschub für die vielen Händler, die in der Altstadt ihren Lebensunterhalt verdienen.

Unten angekommen stehen wir vor dem gewaltigen Tor. Schon zur Zeit der Römer strömten genau hier vom Norden her Händler, Reisende, Eroberer hinein in die Jerusalemer Altstadt. Im Laufe der wechselhaften Geschichte wurde das Tor schon als Galiläa-Tor, Sichem-Tor, Nablus-Tor, Stephanus-Tor und Abrahams-Tor bezeichnet. Seit Süleyman trägt es den Namen der syrischen Hauptstadt, die nur gut 200 km Luftlinie entfernt liegt.

Wir schlendern vorbei an Verkaufsständen mit Auberginen, Billig-Sonnenbrillen, Unterwäsche, Trauben. Auf der Straße kauern schwarz gekleidete Bäuerinnen, die Früchte aus Feld und Garten anbieten. Gut bewacht von schwer bewaffneten israelischen Soldatinnen und Soldaten.

Nach ein paar Metern stehen wir buchstäblich im Tor, schlendern durch eine Art Marktstraße mit kleinen Geschäften. Hier gibt es nichts, was es nicht gibt: japanische Elektronik, Klamotten aller Art, Süßigkeiten, Schmuck, Geldwechsel. Arabische Musik wummert aus Ghettoblastern. Händler preisen lautstark ihre Ware an. Jetzt biegen wir scharf

*Das Café Rimon in der Jerusalemer Altstadt*

links ab. Dann scharf rechts. Noch ein paar Schritte auf dem nun leicht abfallenden Weg. Wieder scharf rechts, direkt hinter einem kleinen Mäuerchen von nur etwa 60–70 Zentimetern Höhe: das Café Rimon. Benannt nach seinem Besitzer, einem guten Gastgeber seit 1987. Herzlich willkommen!

Ich liebe das kleine Café, das mit hoher Wahrscheinlichkeit in keinem Gastro-Führer zu finden ist. Einfach Platz nehmen. Rucksack ablegen. Tee bestellen. Und dann sitzen. Beobachten. Staunen.

So unterschiedliche Persönlichkeiten kommen hier vorbei, dass ich mich nicht sattsehen kann. Je nach Wochentag und je nach Tageszeit hasten z. B. viele schwarz gekleidete orthodoxe Juden in ihren Kaftanen durch. Der direkte Weg von ihrem Stadt-

viertel Mea Shearim zum Gebetsplatz an der Westmauer des zerstörten Tempels führt exakt hier vorbei. Am Freitagabend zu Schabbatbeginn haben viele der Männer ihre Familien dabei: quirlige Kinder im Sonntagsstaat. Dezent geschmückte Frauen in langen Röcken und Blusen mit Kopftuch oder Perücke. Kein Härchen, kein bisschen nackte Haut soll die Aufmerksamkeit der Männer erregen und sie vom Gebet abhalten.

Zum Gebet zieht es auch viele Muslime, speziell an den Freitagen. Dann treffen sich Zehntausende auf dem Platz zwischen Al-Aqsa-Moschee und Felsendom, auf dem einst der jüdische Tempel stand. Nach dem gemeinsamen Gebet wälzt sich gegen Mittag eine große Menschenmenge hier durch, abgekämpft, verschwitzt, gelegentlich aufgehetzt durch die martialischen Reden der Imame, die zum

Kampf gegen die Ungläubigen aufgerufen haben. Ich gestehe: Manchmal war ich froh darüber, dass „mein" kleines Straßencafé durch das Mäuerchen ein wenig abgeschirmt ist von dem gelegentlich doch sehr dichten Fußgängerverkehr.

Ach ja, bevor ich's vergesse: Christinnen und Christen flanieren hier natürlich auch durch. Nonnen und Mönche der verschiedensten Orden und Gemeinschaften. Griechisch-orthodoxe, russisch-orthodoxe und was weiß ich für orthodoxe Priester. Geistliche mit den unterschiedlichsten Amtskleidungen, Hautfarben und Muttersprachen. Ihr Weg führt zur Grabeskirche oder zu einem der zahlreichen anderen Gotteshäuser oder Konvente im christlichen Viertel.

Und wer hier sonst noch so alles durchkommt: Kaufleute und Kundinnen, Touristinnen und Fotografen, Soldaten und Landstreicher, Lebenskünstler und Musikerinnen, Schulklassen und Pfadfinderinnen, Models und Müllmänner, Imame, Popen und Rabbiner. Vergeistigte und Durchgeknallte. Typen, Originale, Persönlichkeiten. „Die ganze Welt kommt hier vorbei", lacht Rimon und wirkt fasziniert, auch nach 35 Jahren am Ort.
Genau hier ist das Nadelöhr, in dem sich die verschiedenen Welten treffen, treffen müssen, die in Israel mehr nebeneinander als miteinander leben. Hier prallen Ost- und Westjerusalem aufeinander. Begegnen sich muslimische, jüdische, christliche Welt. Israelis, Palästinenser, Ausländer.

Natürlich weiß ich: Wenn es irgendwo Spannungen gibt in dieser Stadt der Konflikte, dann draußen vor dem Damaskustor. Wenn geschossen, zugestochen, geprügelt wird, dann oft zuallererst hier in der Gegend. Schon ein paarmal habe ich auch innerhalb der Stadtmauer brenzlige Situationen erlebt: den Ultraorthodoxen, der sehr bewusst einen entgegenkommenden Araber anrempelte. Die lautstarken Streitgespräche zwischen arabischen Jugendlichen und etwa gleichaltrigen israelischen Soldaten. Die Spannung war spürbar, ausgebrochen ist sie nie, wenn ich in der Nähe war. Umso erschrockener bin ich, wenn ich wieder mal zu Hause in der Zeitung erfahre: Am Damaskustor hat ein Attentäter zugeschlagen!

Warum ich trotzdem so gerne in Rimons Café sitze? Weil ich von diesem Beobachtungsposten aus viel wahrnehmen kann von den Menschen, die hier leben und arbeiten. Weil ich hier ein Stückchen vom Alltag vieler Menschen erahne, die am liebsten – wie ich – in Frieden und ohne Konflikte leben würden. Weil ich hier die Vielfalt an Farben, Tönen, Gerüchen und Persönlichkeiten genießen kann, aber meine Augen nicht verschließen muss vor den Spannungen, die in der Stadt und im Land oft herrschen.
Ach, jetzt ist mein Tee kalt geworden, weil ich so viel erzählt habe. Ich trinke ihn trotzdem. Auch kalt entfaltet er sein Aroma. Und ich bestell mir gleich noch ein zweites Glas. Es kommen einfach so viele spannende Zeitgenossen hier vorbei ...

*Christoph Zehendner*

# Die Reise nach Jerusalem

Obwohl es mich immer wieder nach Israel zieht, bleibt mir vor allem die erste Reise ins Gelobte Land nachhaltig in Erinnerung.

Elmar Werner, ein bekanntes Berliner Original, der gleichzeitig als Jugendpfarrer, Fachschuldozent, Kneipier, Reiseveranstalter und Musikmanager agiert, stellt eine Horde waghalsiger Musiker zusammen, die im November 2003 als erste deutschsprachige Rockband durch Israel tourt. Es ist die Zeit der Zweiten Intifada – in Bussen, Restaurants und Kaufhäusern explodieren die Bomben von Selbstmordattentätern. Wir sind Kulturbotschafter, doch unsere nicht ganz ungefährlichen Auftritte werden als solidarisches Zeichen gewertet. Wir spielen in einem Jazzklub in Kirjat Schmona, an

der Grenze zum Libanon, im Theater von Tel Aviv, in einem Luftschutzbunker in Sderot, in einem Jerusalemer Musikklub und in der berühmten Hadassah-Klinik, wo israelische und palästinensische Kriegsopfer gleichermaßen behandelt werden. Die Presse berichtet von unserer Tour, und es kommen immer mehr Leute zu den Konzerten.

Letztendlich empfängt uns sogar der Bürgermeister von Jerusalem. Er erwartet uns mit seiner Entourage vor dem Rathaus, ich sehe es, als wir mit unserem Reisebus vorfahren. Der Schlagzeuger und der Bassist sehen es nicht, stürzen als Erste aus dem Bus und springen auf den goldenen Löwen, der mitten auf dem Rathausplatz steht. Das Empfangskomitee wendet sich diskret ab und formiert sich erst wieder, als die beiden durchgeknallten Musiker abgestiegen sind. Ich kann alles genau beobachten und bin einigermaßen peinlich berührt.

Wir werden schließlich zu einem Essen in den Empfangssaal des Rathauses geführt, und der Bür-

▲ Das Jerusalemer Rathaus am Safra-Platz

▲ Jerusalemer Stadtwappen

germeister hält eine lange Rede, in der unser Engagement gewürdigt wird. In Schlips und Kragen und in englischer Sprache, so wie es sich eben für einen internationalen Staatsmann gehört. Nun werden Abzeichen und Urkunden überreicht. Elmar bekommt einen Wimpel und freut sich darüber wie ein Kind. Unser Manager und Reiseleiter ist stark übergewichtig und hat ein entsprechend lautes Organ. Sein gewaltiger Bauch ist mit unserem Tour-T-Shirt bespannt, außerdem trägt er eine Art Bermudashorts und hat Badeschlappen an den Füßen. Der Schweiß läuft in Bächen über sein hochrotes Gesicht, als er spontan und mit großer Geste einen langen schmalen Karton aus dem Rucksack zieht. Nein, Elmar lässt sich nicht lumpen, ebenfalls ganz staatsmännisch hebt er zur Gegenrede an: „Thank you, my friend! For your good food and for your wonderful words. We have also a present for you. A very special drink. This is koscher Wodka in the Form of the Berlin Fernsehturm. Please!" Elmar drückt dem Bürgermeister die Fernsehturm-Flasche in die Hand, und der bedankt sich überschwänglich bei jedem einzelnen Teilnehmer unserer seltsamen Delegation per Handschlag. Und verschwindet.

Nun werden wir von seinen Sekretären in die obere Etage des Rathauses geführt. In einem mit vielen Schlössern und Kameras gesicherten Saal steht ein riesiges Modell der Heiligen Stadt. Jedes Haus, jeder Baum, jeder umgefallene Grabstein des Ölberges wurde in filigraner Handarbeit und maßstabsgetreu nachgeschnitzt. Die Betrachtung dieses Kunstwerkes ist nur sehr, sehr wenigen Gästen vorbehalten – was für eine ungeheure Ehre!

Als wir endlich wieder im Bus sitzen, hält der Bassist ein kleines Häuschen in seiner Hand. Ich breche fast zusammen! Ich teile ein Hotelzimmer mit diesem „Verrückten". Er stellt das wertvolle Souvenir auf seinem Nachttisch ab. Als wir am nächsten Morgen vom Frühstücksbuffet zurückkehren, ist es verschwunden. Er tippt auf das Zimmermädchen. Ich bin mir dagegen absolut sicher, dass hier der Mossad größere diplomatische Verzettlungen diskret aus der Welt räumen wollte!

*Dirk Zöllner*

# Viten der Autoren

### Dr. Guido Baltes

geb. 1968 in Krefeld, 1987–1994 Studium der ev. Theologie, 1994–1996 Vikariat in Wetzlar, 1997–2002 Leiter von „ERF junge welle", lebte 2003–2009 mit seiner Frau im Johanniter-Ordenshospiz in Jerusalem, das von einer christlichen Gemeinschaft aus Marburg geleitet wird. Dozent für Neues Testament am MBS Bibelseminar Marburg und Lehrbeauftragter an der Philipps-Universität Marburg. 2011 Promotion in Dortmund. 2022 Habilitation in Marburg. Bekannt als Autor, Musiker und Songwriter.

### Steffi Baltes

Arbeitet als Pfarrerin u. a. im Christus-Treff in Marburg und als Lektorin in der Francke-Buch GmbH. 2003–2009 leitete sie mit ihrem Mann ein Gästehaus in Jerusalem und begleitete als Reiseleiterin Gruppen durch das Heilige Land. Autorin von „Entdeckungen in Israel – meine 25 Lieblingsorte zum Erleben und Genießen" (2022). Heute lebt sie in Marburg.

### Pater Tobias Breer OPraem

geb. 1963 in Werne a. d. Lippe, 1987–1988 Noviziat in der Abtei Hamborn, 1988–1994 Studium der kath. Theologie, Philosophie und Psychologie in Innsbruck und München, 1994 Priesterweihe. 1994–2004 Militärpfarrer in Straubing, Essen und Wesel, 1995–2004 Prior der Abtei Hamborn. 2000–2002 Fernstudium zur Führungskraft, 2002–2008 Leiter des Abteizentrums Hamborn, 2004–2006 Fernstudium Journalistik, seit 2005 Chefredakteur. Seit 2006 geistlicher Berater und aktiver Marathon- und Ultra-Trail-Marathon-Läufer, seit 2018 Lauftrainer und Ernährungsberater. Autor von „Der Marathon-Pater – 60.000 km gegen die Armut" (2021).

### Dr. Katrin Brockmöller

geb. 1973 in Niederbayern, Studium der Theologie in Passau, Würzburg und Bonn, Studienjahr in Jerusalem. 1998 Promotion. Pastoralreferentin, Ausbilderin für Sozialtherapeutisches Rollenspiel (asis), Trainerin im Netzwerk Bibliolog, Wanderreitführerin (FN) und jahrelang Reiseleiterin für Biblische Reisen. Seit 2014 Direktorin des Kath. Bibelwerks e. V. und im Vorstand des ökumenischen Arbeitskreises für Biblische Reisen.

### Gottfried Bühler

geb. 1959, gelernter Farb-Lithograph und Werbekaufmann. 1. Vorsitzender des deutschen Zweiges der Internationalen Christlichen Botschaft Jerusalem (ICEJ) und Moderator des TV-Magazins Faszination Israel. Seit vielen Jahren ist er in der jüdisch-christlichen Zusammenarbeit aktiv. Er stellt sich gegen Israelhass und Antisemitismus und unterstützt die Koexistenz von Juden und Arabern in Israel. Gottfried Bühler ist verheiratet und hat vier Kinder.

### Harald Eckert

geb. 1960. Als Bibellehrer, Autor und Netzwerker war er in den letzten Jahren in verschiedenen Initiativen und Projekten in Deutschland, Europa und Israel tätig. 1982–1989 Herausgabe der Zeitschrift „Wiederherstellung", 1990–1994 leitender Mitarbeiter bei „Fürbitte für Deutschland" sowie Gründer und Geschäftsführer des Internationalen Bibellehrdienstes von Derek Prince in Deutschland. Seit Jahren leitet er die Arbeit von „Christen an der Seite Israels" in Deutschland und war 2003–2015 Vorstandsmitglied der „Europäischen Koalition für Israel". Weitere Informationen unter: www.haraldeckert.de

## Dr. Martin Fricke

geb. 1966 in Hilden (Rheinland), 1985–1994 Studium der ev. Theologie und Philosophie in Wuppertal, Edinburgh und an der Hochschule für jüdische Studien in Heidelberg, 2002 Promotion. Vikariat, Ordination und Hilfsdienst in der Ev. Friedensgemeinde Düsseldorf, seit 1998 Schulpfarrer, seit 2018 Synodalassessor des Ev. Kirchenkreises Düsseldorf, zudem ev. Vorsitzender der Gesellschaft für Christlich-Jüdische Zusammenarbeit Düsseldorf und des Ev. Erwachsenenbildungswerkes Nordrhein.

## Rainer Harter

geb. 1964, lebt in Freiburg, wo er 2003 das überkonfessionelle Gebetshaus gründete. Er arbeitete knapp 30 Jahre lang in einem Forschungsinstitut und gab 2012 seinen Traumjob dort auf, um Gottes Ruf in Vollzeit zu folgen. Rainer Harter ist Buchautor, gefragter Sprecher bei Seminaren und Konferenzen und veröffentlichte mehrere Lobpreis-CDs. Sein Herz schlägt für Einheit und dafür, dass die Kirche wieder neu von Jesus fasziniert wird. 2021 erschien sein aktuelles Buch „Radical Love" im Herder Verlag. Weitere Informationen unter: www.gebetshaus-freiburg.de

## Dr. Reiner Haseloff

geb. 1954 in Bülzig bei Wittenberg, 1973–1978 Physik-Studium in Dresden und Berlin, 1978–1990 wiss. Mitarbeiter am Institut für Umweltschutz in Wittenberg, 1991 Promotion in Berlin, 1990–1992 stellvertretender Landrat des Kreises Wittenberg, 1992–2002 Direktor des Arbeitsamtes Wittenberg. 2002–2006 Staatssekretär, 2006–2011 Minister (beides für Wirtschaft und Arbeit in Sachsen-Anhalt). Seit 2008 Mitglied des CDU-Bundesvorstandes, seit 2011 Ministerpräsident von Sachsen-Anhalt. Seit 2016 im Zentralkomitee der deutschen Katholiken. Träger des Ritterordens vom Heiligen Grab zu Jerusalem (2003 und 2016).

## Uwe Heimowski

geb. 1964 in Hämelerwald, OT Lehrte, ausgebildeter Erzieher, 1993–1999 Studium der ev. Theologie in Halle. Seit 2004 nebenberuflich Dozent und Coach. Nach Stationen als Pastor der Ev.-Freikirchlichen Gemeinde und Referent für Menschenrechte (2009–2016) bei einem Bundestagsabgeordneten, ist er seit 2016 Beauftragter der Ev. Allianz in Deutschland für den Bundestag und die Bundesregierung. Er ist Autor verschiedener Bücher und lebt in Gera. Weitere Informationen unter: www.uwe-heimowski.de

## André Herzberg

geb. 1955 in Berlin als jüngster Sohn einer Familie jüdischer Herkunft. Ab 1961 Geigenunterricht, ab 1973 Gesangsunterricht, 1979 Mitglied der „Gaukler Rock Band" und Musik-Studium. 1981 Gründung der Rockband „Pankow", 1986 erste Westeuropa-Tournee. 1991 Veröffentlichung des ersten Soloalbums, weitere Soloalben folgten. Moderator beim MDR („Anplackt"). Autor von Erzählbänden, Romanen und seiner Band-Biografie „Keine Stars: Mein Leben mit PANKOW" (2021). Weitere Informationen unter: www.andreherzberg.net

## Alex Jacobowitz

geb. 1960 in New York in einer Jiddisch sprechenden Familie. Als Kind hörte er seinen ungarischen Großvater Klezmer-Melodien auf seiner Geige spielen und aß traditionelle Gerichte seiner Großmutter. Nach seiner Bar Mizwa wollte er Rabbiner werden. An der New Yorker Musikhochschule studierte er die Musik von Bach, auf einem afrikanischen Instrument, der Marimba, gespielt, und ebenso in einer Jerusalemer Yeshivah biblische Texte. Heute wohnt er teilweise in Berlin, ist weltweit zu Solokonzerten unterwegs und schreibt Bücher zur jüdischen Geschichte.

### Dr. Andreas Käser

geb. 1966, Studium der evangelischen Theologie in Marburg, anschließend Pastor in Augsburg. Nach seiner Promotion in Tübingen war er Professor für Altes Testament und Hebräisch an der Internationalen Hochschule Liebenzell. Er lehrt seit 2017 an der Theologischen Akademie Stuttgart und schreibt Beiträge und Bücher für verschiedene Verlage. Sein neuestes Buch mit dem Titel „Reiseziel Altes Testament" (2022) führt leicht verständlich in die Geschichtsbücher des Alten Testaments ein.

### Charlotte Knobloch

geb. 1932 in München. Den Holocaust überlebte sie unter falscher Identität in Franken, 1945 kehrte sie nach München zurück. Seit 1985 Präsidentin der Israelitischen Kultusgemeinde München und Oberbayern, 2006–2010 Präsidentin des Zentralrates der Juden in Deutschland. 2005–2013 Vizepräsidentin des World Jewish Congress. Vielfach ausgezeichnet: 2008 Großes Bundesverdienstkreuz, 2010 Großes Verdienstkreuz mit Stern, Ehrendoktorwürde der Universität Tel Aviv und der Universität der Bundeswehr.

### Harald Krille

geb. 1956 in Greiz (Ostthüringen). Ausgebildeter Dreher, 1978 Abschluss als Diakon und Sozialpädagoge, danach tätig in der ev. Jugendarbeit. Seit 1974 Beschäftigung mit der Fotografie, 1991 Quereinstieg als Redakteur bei der „Thüringischen Landeszeitung", 1994–2001 Fotograf und Bildredakteur bei idea in Wetzlar. 2001–2021 (Chef-)Redakteur bei den Mitteldeutschen Evangelischen Wochenzeitungen, lebt in Weimar.

### Chaim Noll

geb. 1954 in Ostberlin als Hans Noll. Sein Vater war der Schriftsteller Dieter Noll. Studium der Kunst und Kunstgeschichte in Ostberlin. In den 1980er Jahren DDR-Wehrdienst-Verweigerer, 1983 Ausreise nach Westberlin, tätig als Journalist. 1991 zog er nach Rom. Seit 1995 lebt er in Israel, in der Wüste Negev. 1998 erhielt er die israelische Staatsbürgerschaft. Neben seiner schriftstellerischen Tätigkeit unterrichtet er an der Universität Beerscheba und reist regelmäßig zu Lesungen und Vorträgen nach Deutschland.

### Hanspeter Obrist

Nach einer handwerklichen, einer theologischen und einer didaktischen Ausbildung arbeitete er zehn Jahre lang in einem Hilfswerk für den Nahen Osten. Jetzt tätig als Erwachsenenbildner und Autor lebt er in Schmerikon (Schweiz). Bekannt wurden er und seine Frau Annemarie durch ihre Wanderung von Basel nach Jerusalem 2010 (beschrieben im Buch „Zu Fuß als Ehepaar nach Jerusalem"). Seitdem schreibt er auf www.obrist-impulse.net, was ihn bewegt. Seit 2018 ist er Gastreferent bei Radio Maria Schweiz.

### Heidi Ossowski

geb. 1962 in Hermannstadt (Siebenbürgen), ausgebildete Erzieherin und Autorin, arbeitet zurzeit im evangelischen Kindergarten in Brunnenreuth. Sie engagiert sich in ihrer Kirchengemeinde FeG Ingolstadt und liebt das Musizieren, Schreiben, Lesen, Reisen und Sprachen. Nach einer langersehnten Reise ins Heilige Land schrieb sie das Buch: „Israel – hin und weg!" (2022).

### Ulrich Parzany

geb. 1941 in Essen. 1960–1964 Studium der evangelischen Theologie in Wuppertal, Göttingen, Tübingen und Bonn, 1964–1965 Vikar in Jerusalem, 1967–1984 Jugendpfarrer in Essen, 1984–2005 Generalsekretär des CVJM Deutschland, 1992–2013 Leiter des Evangelisationsprojektes „proChrist", seit 2016 Vorsitzender des Netzwerks „Bibel und Bekenntnis", lebt in Kassel.

**Bodo Ramelow**

geb. 1956 in Osterholz-Scharmbeck, ausgebildeter Einzel-handelskaufmann, 1978–1980 Filialleiter bei der Jöckel Vertriebs GmbH in Marburg, 1981–1990 Gewerkschafts-sekretär in Mittelhessen, 1990–1999 Landesvorsitzender der Gewerkschaft Handel, Banken und Versicherungen Thüringen. 1999–2005 Mitglied des Landtages Thürin-gen, 2001–2005 Vorsitzender der PDS-Landtagsfrak-tion, 2005–2009 Mitglied des Deutschen Bundestages, stellvertretender Vorsitzender der Fraktion Die Linke, 2009–2014 Fraktionsvorsitzender, 2009–2015 Mitglied des Landtages Thüringen, seit 2014 Ministerpräsident des Freistaates Thüringen. 2018 ausgezeichnet mit dem Israel-Jacobson-Preis der Union progressiver Juden.

**Georg Rößler**

geb. 1959 in Düsseldorf, Studium Jüdische Wissen-schaften und Staatsrecht in Jerusalem und Heidelberg. Gründer und ehrenamtl. Co-Direktor von „SOS-Gewalt – Zentrum für Friedenspädagogik in Israel e. V." (www.matzmichim.org.il). Reiseveranstalter und Co-Direktor von „SK Tours in Nature". Autor von „Auf dem Weg nach Jerusalem – Ein Begleiter für die Pilgerwanderung in die Heilige Stadt" (2017) und „Nicht für Deutsche ...? Yad Va-shem als Ort und Wirklichkeit" (2021). Tätig als Trainer, Seminarleiter und Vortragsreisender in der Mobbing-Prävention. Lebt seit 1988 in Jerusalem. Mehr zu seiner Person unter: www.sktours.net

**Ulrich Sahm**

geb. 1950 auf dem Venusberg bei Bonn, mehrsprachiges Diplomatenkind mit Stationen in London, Bonn, Paris und Heppenheim. 1968 Abitur und erste Reise nach Is-rael. Studium der Theologie und Judaistik in Köln, Bonn und Israel. Ausgebildeter Journalist, seit 1970 wohnhaft in Israel, tätig für deutsche Zeitungen, den Rundfunk und schließlich als ntv- Korrespondent. Bis heute Korres-pondent für verschiedene Medien. Sahm erlebte in Israel mehrere Kriege und schwere Terroranschläge, bei denen auch Freunde getötet wurden.

**Sr. Jordana Schmidt OP**

geb. 1969 in Grevenbroich. Sie ist Dominikanerin von Bethanien, gelernte Kinderkrankenschwester, Heilpäda-gogin, Familientherapeutin und Autorin. 2006–2010 war sie Sprecherin des „Worts zum Sonntag" in der ARD. 2011 reiste sie für die dreiteilige ZDF-Kultur-Dokumentation „Die Nonne und Herr Jilg" von Istanbul nach Jerusalem auf der Suche nach dem Verbindenden der Religionen. Nachzulesen in dem Buch „Auf einen Tee in der Wüste", das lange auf der Spiegel-Bestsellerliste stand. Momen-tan lebt sie in einer sozialpädagogischen Lebensgemein-schaft mit zwei Kindern in Krefeld.

**Dr. h. c. Erwin Teufel**

geb. 1939 in Rottweil, CDU-Politiker, 1964–1972 jüngster deutscher Bürgermeister in Spaichingen, anschließend Mitglied des Landtags von Baden-Württemberg. 1991–2005 Ministerpräsident des Landes und Vorsitzender des CDU-Landesverbandes. Ab 2005 Studium der Philosophie bis zu seiner Berufung in den Ethikrat 2008–2012. Enga-gement im Verein „proChrist", der Eugen-Biser-Stiftung, „Gegen Vergessen – Für Demokratie" u. v. m. Ausgezeich-net mit zahlreichen Landesehrungen, Staatsorden und Ehrendoktorwürden sowie dem Teddy-Kollek-Preis (2005).

**Jürgen Werth**

geb. 1951 in Lüdenscheid. Zunächst Redakteur bei der Westfälischen Rundschau, dann bis 2014 bei ERF Medien in Wetzlar tätig, u. a. als verantwortlicher Redakteur für „ERF junge welle", als Chefredakteur und als Programm-direktor. Er war TV-Moderator („Wartburg-Gespräche" und „Werthe Gäste"), Moderator der Großevangelisation „proChrist" und drei Jahre lang Sprecher beim „Wort zum

Sonntag". 2007–2011 ehrenamtlicher Vorsitzender der Deutschen Evangelischen Allianz. Er lebt heute als freier Schriftsteller, Liedermacher und Referent in Wetzlar. Weitere Informationen unter: www.juergen-werth.de

### Bärbel Wilde

geb. 1950 in Bocholt, 1969–1974 Studium der ev. Theologie, 1978–2008 Pfarrerin der Christuskirche in Lüdenscheid. Sie veröffentlichte verschiedene Bücher zu christlichen Themen. 20 Jahre lang hielt sie Morgenandachten im WDR sowie ZDF-Fernsehgottesdienste. Sie war Vorsitzende des Christlichen Medienverbundes KEP, der ev. Allianz in Lüdenscheid, Mitglied im Aufsichtsrat des christlichen Senders ERF-Medien in Wetzlar und im Präsidium von World Vision. Auch im Ruhestand ist sie ehrenamtlich aktiv als gefragte Rednerin. Seit Jahrzehnten leitet sie immer wieder Gruppenreisen durch das Heilige Land.

### Dr. Notker Wolf OSB

geb. 1940 in Bad Grönenbach. 1961 Eintritt in die Benediktiner-Erzabtei St. Ottilien. Studium der Philosophie in Rom, der Theologie und Naturwissenschaften an der LMU München, 1968 Priesterweihe, 1971 als Dozent für Naturphilosophie und Wissenschaftstheorie an die Benediktinerhochschule nach Rom berufen. 1977–2000 Erzabt von St. Ottilien und Abtpräses der weltweiten Ottilianer Benediktinerkongregation. Von 2000–2016 Abtprimas des Benediktinerordens in Rom, jetzt wieder in St. Ottilien. Autor mehrerer Bestsellerbücher.

### Christoph Zehendner

geb. 1961 in Bad Windsheim. Der studierte Theologe ist als Mitarbeiter der evangelischen Christusträger-Bruderschaft im Kloster Triefenstein am Main (Unterfranken) für Öffentlichkeitsarbeit, Begleitung von Gästegruppen und konzeptionelle Fragen zuständig. Er war 25 Jahre lang als freier Journalist tätig, u. a. in der landespolitischen Redaktion des SWR. Zehendner gehört zu den bekanntesten Textern im Bereich des neuen geistlichen Lieds und leitet neben seinen Konzerten seit etwa zwei Jahrzehnten Reisen nach Israel. Weitere Informationen unter: www.christoph-zehendner.de

### Dirk Zöllner

geb. 1962 in Ost-Berlin, hat autodidaktisch das Gitarrespielen gelernt (9. Klasse), 1980–1982 erste Auftritte in Kirchen und bei Kulturwettbewerben. 1982 während der NVA-Zeit erste Bandgründung („Saumäßig") mit Eigenkompositionen, ab 1984 mit Band „Chicoree" Studioproduktionen für den DDR-Rundfunk, Musikstudium an der Musikschule Friedrichshain. 1986 erste Tourneen, 1993 rund 100 Konzerte deutschlandweit, eigenes Plattenlabel „ZuG-Records". 2006 und 2009 Rolle des Jesus in „Jesus Christ Superstar", zahlreiche Veröffentlichungen, u. a. „Dirk und das Glück" (Album, 2017), „Herzkasper" (Buch, 2020). Tätig als Sänger, Songtexter, Schriftsteller, Komponist und Musicaldarsteller.